CÓMO DECIRLE ADIÓS A LA TIMIDEZ

Todo lo que necesitas para ser la persona más sociable, interesante y respetable de tu círculo social. Compilación 2 en 1 - Cómo ser un Ninja Social, Carisma Decodificado

SHAUN AGUILAR

Cómo Ser un Ninja Social

Cómo Ser un Ninja Social

*__Supera el Miedo a Hablar con Desconocidos,
Crea Conexiones con Cualquiera y se la Persona
Más Interesante del Lugar__*

© Copyright 2020 – Shaun Aguilar- Todos los derechos reservados.

Este documento está orientado a proporcionar información exacta y confiable con respecto al tema tratado. La publicación se vende con la idea de que el editor no tiene la obligación de prestar servicios oficialmente autorizados o de otro modo calificados. Si es necesario un consejo legal o profesional, se debe consultar con un individuo practicado en la profesión.

- Tomado de una Declaración de Principios que fue aceptada y aprobada por unanimidad por un Comité del Colegio de Abogados de Estados Unidos y un Comité de Editores y Asociaciones.

De ninguna manera es legal reproducir, duplicar o transmitir cualquier parte de este documento en forma electrónica o impresa.

La grabación de esta publicación está estrictamente prohibida y no se permite el almacenamiento de este documento a menos que cuente con el permiso por escrito del editor. Todos los derechos reservados.

La información provista en este documento es considerada veraz y coherente, en el sentido de que cualquier responsabilidad, en términos de falta de atención o de otro tipo, por el uso o abuso de cualquier política, proceso o dirección contenida en el mismo, es responsabilidad absoluta y exclusiva del lector receptor. Bajo ninguna circunstancia se responsabilizará legalmente al editor por cualquier reparación, daño o pérdida monetaria como consecuencia de la información contenida en este documento, ya sea directa o indirectamente.

Los autores respectivos poseen todos los derechos de autor que no pertenecen al editor.

La información contenida en este documento se ofrece únicamente con fines informativos, y es universal como tal. La presentación de la información se realiza sin contrato y sin ningún tipo de garantía endosada.

El uso de marcas comerciales en este documento carece de consentimiento, y la publicación de la marca comercial no tiene ni el permiso ni el respaldo del propietario de la misma.

Todas las marcas comerciales dentro de este libro se usan solo para fines de aclaración y pertenecen a sus propietarios, quienes no están relacionados con este documento.

Introducción

Si bien es cierto que el buen trabajo, disciplina y habilidad académica aumentan nuestras posibilidades de tener éxito en ciertas áreas, hoy en día se pone énfasis en otras habilidades de las cuales depende, incluso más, qué tanto crezcamos y nos desarrollemos en nuestra vida. Parece mentira, pero hoy se valora mucho más la asertividad, el buen lenguaje corporal y la capacidad de resolución de conflictos antes que muchos años de experiencia y conocimientos sobre una materia específica. ¿Qué tienen en común estas cualidades o capacidades? Todas ellas pertenecen al rubro de las habilidades sociales.

¿Qué son las habilidades sociales? Esa pregunta la responderemos a profundidad en el primer capítulo de este libro. Por lo pronto, empecemos esta reflexión con un ejercicio. Pintemos un escenario. Hay dos personas. La primera de ellas es muy platicadora, tiene un lenguaje corporal que invita a la conversación y es muy respetuosa en sus expresiones. La otra, sin embargo, no tiene tanta facilidad para hablar con otras personas y su lenguaje corporal refleja esa dificultad. ¿Qué es lo que las diferencia? La primera tiene buenas habilidades sociales; la segunda, no tanto.

Este ejercicio no se trata de decir que una persona tiene el éxito asegurado en la vida y la otra no; no queremos decir que hay una fórmula única para conseguir lo que queremos. Lo que esta breve reflexión buscaba era que notáramos superficialmente cuáles son los rasgos que hay que tener en cuenta cuando hablamos de habilidades sociales. Algunos aspectos a notar, son: el lenguaje corporal, la aptitud para conversar, la soltura que se tiene para entablar relaciones con otras personas, entre otros. Pues bien, lo que este libro busca es que conozcas cuáles son todos los diferentes componentes de las habilidades sociales y que te vuelvas un experto en ellos, un *ninja social*.

Introducción

¿Por qué, entonces, enfatizar la importancia de las habilidades sociales? ¿Qué es lo que ellas tienen que la habilidad académica (o de cualquier otro tipo) no tiene?

La respuesta es sencilla: los seres humanos somos seres sociales. Hemos llegado hasta donde estamos hoy debido a que nos hemos juntado en manadas, grupos, equipos. Agruparnos unos con otros nos ha permitido crecer y prosperar como especie en comparación con el resto de los seres vivos que ocupan el planeta.

Organizarnos con otras personas nos permite repartir el trabajo físico, especializar los trabajos y actividades y, en general, aumentar nuestras posibilidades de supervivencia. Pero no es este aspecto el que nos hace prosperar, pues cualquier ser vivo lo hace. Es nuestra capacidad para entablar relaciones afectivas y colaborativas significativas lo que nos ha hecho superar a todas las demás especies de seres vivos.

Compartimos nuestras emociones, nuestros sentimientos; entablamos relaciones empáticas y generamos ídolos o ideas en las cuales creer. Todo esto aumenta la cohesión grupal, y esta prosperidad se refleja individualmente en cada persona.

Introducción

Pues bien, las habilidades sociales, como vemos, tienen un trasfondo más profundo que el simplemente saber conversar con extraños. Pero aterrizando más el tema de este libro, consideremos cómo se manifiesta en el día a día esta necesidad natural humana. Las habilidades sociales no sólo sirven para saber hablar en público, pedir la hora en la calle o conversar con extraños en una fiesta. Su área de acción es mucho más amplia de lo que normalmente se cree. La aptitud social involucra compartir mensajes, liderar grupos, comunicar pensamientos y emociones, generar relaciones íntimas, resolver conflictos, negociar o pedir ayuda. En general, podremos observar que las habilidades sociales serán todo aquello que involucre el contacto entre dos o más personas.

¿Cualquiera puede desarrollar habilidades sociales? Sí, cualquiera puede. A veces pensamos que se nace sabiendo hablar con otras personas o teniendo facilidad para hablar en público, pero eso es lejano de la realidad. Como la aptitud social es natural al ser humano, eso significa que cualquier persona puede relacionarse con otra. Aunque, por supuesto, no todas las interacciones son igual de fáciles para todas las personas.

Hay gente que no le cuesta para nada hablar con extraños, pero no sabe cómo ser asertiva; hay otras personas que son excelentes lectoras del lenguaje no verbal, pero no tienen idea de cómo manejar una negociación o liderar un grupo. Entonces, ¿cómo es que cualquiera puede desarrollar sus habilidades sociales? A base de aprendizaje y práctica, esto se puede lograr. Lo único que necesitas es estar consciente de que quieres aprender mejores aptitudes sociales. Si estás leyendo este libro, probablemente es porque ya sabes lo que quieres.

¿Cuáles son los efectos de no tener buenas habilidades sociales? Hoy sabemos que sí existe una relación entre algunos trastornos como la ansiedad y la depresión y la habilidad social. Y no sólo con trastornos mentales, sino también físicos. Es decir, no desarrollar aptitudes sociales que nos permitan conectar con otros seres humanos puede llegar a afectar nuestra salud emocional y salud física. Cuando logramos una comunión humana nos sentimos mejor: compartimos nuestras experiencias, trabajamos en conjunto para lograr un objetivo, encontramos apoyo emocional o exploramos y descubrimos rasgos nuestros que antes no sabíamos que nos faltaban.

El objetivo de este libro es mejorar esa comunión humana. En las siguientes páginas encontrarás un texto que te presente de manera clara y sencilla los principales aspectos de las habilidades sociales. Descubrirás con mayor detalle qué son las habilidades sociales, cuáles son sus principales obstáculos y una exposición de cuáles son los componentes que mejoran toda interacción humana. Si hasta ahora te has sentido interesado o identificado con lo que hasta ahora se ha dicho, entonces este libro es para ti. Ya sea que quieras mejorar todas las capas de tu aptitud social o simplemente aprender a conversar con más apertura, este libro te ayudará a conocerte a ti mismo y a conocer tus habilidades. De cualquier forma, nunca está de más aprender algo nuevo. Espero todo lo que aquí leas sea para tu mejor provecho.

¡Mucha suerte!

1

Las habilidades sociales: principales elementos para convertirse en un ninja social

Como mencionamos en la introducción, en este capítulo veremos a fondo y a detalle qué son las habilidades sociales. Lo primero que hay que decir de las habilidades sociales es que son todas aquellas acciones, actitudes y comportamientos que implican una interacción entre dos o más personas. Es decir, todas las habilidades que usamos para entrar en contacto con otras personas son las habilidades sociales. Por ejemplo, el lenguaje hablado y no hablado, el manejo de nuestro cuerpo, los temas de conversación, la asertividad. Todas estos comportamientos y actitudes se usan para entablar relaciones con otros.

. . .

Para empezar a mejorar en estas habilidades sociales, primero es importante que nos preguntemos en dónde estamos parados. En otras palabras, hay que identificar cuáles son nuestras áreas de oportunidad para trabajar. Si tú no sabes con seguridad en qué puedes mejorar, no te preocupes; seguro a lo largo de este libro te llevarás un par de sorpresas. La idea es que seamos conscientes de las habilidades en las que somos buenos y en las que podemos mejorar, todo ello apuntando a hacer más eficiente nuestra convivencia social. Una vez que seamos conscientes, podremos empezar a trabajar en nuestros mensajes a comunicar, nuestras relaciones a generar y nuestras características internas.

Las habilidades sociales no son innatas. Como habilidades, son actividades que tienen que ser aprendidas y practicadas. Todos tenemos las herramientas para aprenderlas, aunque no estemos al tanto de ello.

A continuación, enumeraré cuatro ventajas importantes que brinda que tener buenas habilidades sociales:

- **Número uno: mejores relaciones**

personales. En general, con relaciones personales me refiero a todas aquellas que entablas en tu día a día. Puede ser con tu familia o amigos y amigas, por ejemplo.

Tener buenas habilidades sociales te permitirá que estas relaciones puedan mejorar, si es que antes no eran tan buenas. Proyectar carisma, tener y demostrar empatía, saber cómo hablar con respeto y considerar a los demás son algunas habilidades que te permitirán mejorar tus interacciones diarias.

Sin embargo, las relaciones personales no se cierran a aquellas que tenemos en un nivel más íntimo y privado. Las relaciones personales son relaciones que hacemos con todo tipo de personas; en otras palabras, son relaciones interpersonales, relaciones con el mundo exterior. Puede parecer que no, pero tener este tipo de interacciones puede ser muy difícil para algunas personas. Si no se tiene buenas habilidades sociales, puede ser muy difícil para alguien acercarse con los demás. En cambio, tener una facilidad para interactuar con la gente podría verse reflejado positivamente en nuestra vida. A lo mejor podría ser más fácil para ti conseguir un puesto de trabajo, un aumento o conocer nuevas e interesantes personas.

- **Número dos: mejores relaciones laborales.** En nuestra vida profesional seguramente nos encontraremos con personas que valoren mucho nuestra habilidad para relacionarnos con los demás. ¿Por qué? Mucho de lo que pasa en el mundo laboral depende de cómo te percibe la gente. Además, tienes que saber trabajar en equipo, ser asertivo y comunicar tus ideas. Sin buenas habilidades sociales, probablemente esto no sería posible.

Una ventaja que te brindarán las habilidades sociales para tus relaciones laborales es que aumentarán tus probabilidades de crecer y desarrollarte en tu vida profesional. Pensemos en un ejemplo. Digamos que tienes un jefe y él es gerente de una tienda de comida rápida. Ahora piensa que todo el tiempo está en su oficina porque le da pena salir a hablar con sus empleados y con la gente. Cuando sale, tiene una actitud negativa y no sabe cómo hablar en público. Es rara esta imagen, ¿no? Eso es porque nadie contrataría de gerente a una persona con dichas actitudes.

Ya sea que tengas una entrevista de trabajo o quieras pedir un puesto mejor al que tienes actualmente, las habilidades sociales te facilitarán mucho este proceso.

Los empleadores suelen buscar personas que tengan una fuerte presencia, que sepan comunicar sus ideas o tomar una crítica, que puedan trabajar en equipo y que tengan respeto por los demás. Si logras conectar con las personas en el mundo laboral, seguramente será más fácil para ti conseguir mayores y mejores oportunidades profesionales.

- **Número tres: buen ánimo y felicidad en general.** Digamos que tienes una idea muy buena que quieres comunicar al mundo, pero no puedes hacerlo. Esto te hace sentir inseguro y que no eres suficientemente bueno o valioso. Tu ánimo se ve afectado.

Tener buenas habilidades sociales te permitirá mejorar tu capacidad de comunicar y conectar con los demás. ¿De qué sirve o a quién beneficia que quieras decir algo, pero no puedas? Por algo el lenguaje y las lenguas son un fenómeno social, porque se llevan a cabo en grupo. Si tú tuvieras tu propia lengua privada, no podrías hablar con nadie. Lo mismo sucede con las habilidades sociales. Si no puedes comunicarte o relacionarte, la imagen que tienes de ti podría verse afectada. Saber interactuar con los demás podrá impactar tu ánimo positivamente porque podrás encontrar con quien estar.

- **Número cuatro: inteligencia para escoger tus relaciones**. Entablar y mantener relaciones interpersonales de cualquier tipo no significa que debamos estar de amigos o amigas con todas las personas que se crucen en nuestro camino. Una ventaja muy buena que te brindan las habilidades sociales es la inteligencia social. ¿Qué es eso? Es saber decir cuándo sí, cuándo no y con quién. No siempre queremos asistir a una reunión, estar en una conversación o hablar con ciertas personas, pero es difícil zafarse de esa situación de una manera cordial. Por ello, las habilidades sociales te permitirán desarrollar la capacidad de poder decir que sí o que no cuando sientas que lo necesites.

¿Cuáles son las principales habilidades sociales?

Hay muchos componentes y elementos que califican como habilidades sociales. Sin embargo, hay tres principales que son las más importantes y notorias: **asertividad**, **lenguaje no verbal** y **habilidades de conversación**. A continuación, las revisaremos someramente, porque entraremos en más detalle sobre ellas en otros capítulos del libro.

Asertividad

Para algunas es muy complicado comunicar lo que piensan o sienten. Y, en general, es a veces, incluso, mal visto. Piensa, por ejemplo, cuando alguien responde que no a alguna invitación o cuando se niega a compartir de su comida. Nosotros esperamos a que las personas nos digan que sí, pero hay que tener en mente que no siempre va a ser así. Imagina que te invitan a una fiesta y tú no quieres ir. ¿Cómo puedes decir que no sin ser grosero o faltar el respeto a quien te haya invitado? Esa habilidad de decir las cosas con honestidad y respeto, se llama asertividad.

La asertividad es una muy buena habilidad para tener bajo la manga. Gracias a ella, podemos tener una comunicación efectiva y sin problemas. ¿Y por qué es tan difícil ser asertivo o asertiva? Piensa en esto. Digamos que todos los días acostumbras a tomar un café con tu mejor amiga, pero un día te da flojera y quieres cancelarle. ¿Qué puedes hacer y por qué te da tantos nervios hacerlo? Cuando rompemos nuestras rutinas o fallamos en cumplir las expectativas de los demás, tememos el conflicto. Por eso, solemos decir que sí ante esas situaciones potencialmente riesgosas para nuestro bienestar o amistades. Sin embargo, evitar un conflicto por miedo no es la mejor de las decisiones, pues solamente estás aplazando lo inevitable. Además, no estás siendo sincero contigo ni con las personas con las que contrajiste el compromiso. Imagínate qué diferente serías tú y tu vida si pudieras expresar lo que sientes sin miedos ni tapujos. La asertividad te ayudará a comunicarte mejor con los demás, así como también te ayudará a ser más considerado y respetuoso frente a las opiniones de otras personas.

Esta habilidad, además, te hará destacar. No todas las personas tienen la habilidad de expresar sus deseos, sentimientos, dudas o miedos. Cuando te comuniques con asertividad podrás entablar mejores y más honestas relaciones interpersonales.

Lenguaje no verbal

Dedicaremos un capítulo completo a esto. Por lo pronto, hay que saber que el lenguaje no verbal es todo aquello que no se dice, pero sí se hace. La posición del cuerpo, de las manos, la dirección de los pies, la tensión que reflejamos en el rostro o el tono de nuestra voz: todo esto es el lenguaje no verbal o lenguaje corporal. Este tipo de lenguaje es muy poderoso porque es inconsciente la mayoría del tiempo, lo que significa que envía mensajes sin que nosotros nos demos cuenta. Esta inconsciencia puede volverse consciente, lo que nos permitiría utilizar el potencial comunicativo de nuestro cuerpo a nuestro favor.

Por ejemplo, quizá te sientes muy nervioso y tu cuerpo lo refleja. Estás cabizbajo, tienes los hombros hacia abajo, el ceño fruncido y los brazos cruzados. O, caso contrario, te sientes muy feliz. Tu postura es recta e imponente, tu andar es ligero y seguro, tu sonrisa es sincera y tus brazos parecen estar abiertos a todo el mundo. En ambos casos, el cuerpo podría dar información de cómo te sientes en determinada situación sin que tú tengas que decirlo expresamente.

No solamente el lenguaje corporal sirve para reflejar tus sentimientos, sino también tu actitud hacia el resto del mundo. Tanto como qué tanto te agrada alguien, si te sientes cómodo en cierto espacio, si estás de acuerdo o no con una idea, o si quieres hablar con alguien o rechazar una conversación: todo eso lo dice nuestro cuerpo sin que nuestros labios tengan que moverse. Por eso el lenguaje corporal es tan importante. Para tener buenas habilidades sociales, hay que ser conscientes de nuestro cuerpo y de todo lo que puede hacer por nuestras interacciones sociales.

Habilidades de conversación

Con éstas me refiero no sólo a iniciar una conversación, sino también a mantenerla. Para las personas con habilidades sociales poco desarrolladas estas dos últimas acciones pueden llegar a ser difíciles. Es normal no "saber" hablar, pero poco a poco se puede aprender.

Unas palabras finales

Estas son sólo algunas de las habilidades sociales que revisaremos a lo largo del libro. Recuerda que tener habilidad social no sólo significa tener la aptitud de tener muchos amigos, hablar con extraños, ser el alma de la fiesta o pedir la hora en la calle. Esta habilidad es humana, es compartida por todos los miembros de nuestra especie. Significa actitudes mucho más profundas y biológicamente determinantes. Sin embargo, en este libro nos enfocaremos únicamente en las habilidades que actúan directamente sobre las relaciones interpersonales. El objetivo es que lo que esté en estas páginas te sirva para conocer un poco mejor tu situación y en dónde estás parado. Queremos que aprendas uno que otro truco que puedas aplicar en tu vida diaria, y queremos que empieces a notar cambios en tu manera de ser y expresarte en el mundo.

2

Los primeros pasos: Toma esto en cuenta antes de embarcarte en este camino

ANTES DE EMPEZAR A TRABAJAR en el proceso de aprender o mejorar nuestras habilidades sociales, es importante considerar un asunto antes. He conocido a muchas personas a lo largo de mi vida que son excelentes conversadoras y, en general, tienen muy buenas habilidades sociales. Sin embargo, la mayoría de ellas tienen en común que no eran así en un principio. Sí, hay personas que naturalmente se mueven por el mundo con ninguna dificultad social, pero hay otras a las cuales nos cuesta un poco más de esfuerzo y trabajo. Esto sucede por lo que ya hemos dicho en apartados anteriores: la habilidad social no es innata. Estos conocidos que tengo son personas que se han dedicado conscientemente a mejorar sus habilidades sociales.

· · ·

Todas las personas pasamos por muchos cambios en nuestras vidas, pero cómo cambiemos depende de nosotros y nuestras acciones. Para empezar a aprender una habilidad, primero es importante saber que no la tenemos, ¿cierto? Si no sabemos eso, no nos dispondríamos a aprenderla. Pues bien, es lo mismo con las habilidades sociales. Imagina este trayecto como un mapa en el cual la equis roja es nuestra meta personal de aptitudes sociales. Si no sabemos en qué parte del mapa estamos, no sabremos qué camino seguir ni cómo llegar a nuestro tesoro final. El camino está lleno de obstáculos, retrasos y dificultades generales, pero por eso es que es una búsqueda.

Así que, antes de empezar, pensemos en qué nivel estas en tus habilidades sociales. En otras palabras, ¿qué habilidades tienes y cuáles no? Empieza a considerar cuáles son tus fortalezas, cuáles son tus habilidades y cómo ellas se presentan en tu vida. Una vez que hayas pensado esto, sabrás con qué herramientas cuentas para aprender a ser un ninja social.

¿Y por dónde empezar a hacer estas preguntas? ¿Qué preguntas hacer? A continuación, te dejo algunos casos y cuestiones que te ayudarán a tener una imagen más clara de ti mismo.

¿Qué habilidades sociales tienes?

- **Fortalezas sociales**. Son todas aquellas actitudes o comportamientos positivos que te ayudan a desenvolverte en un espacio con otras personas. No necesariamente tienen que ser habilidades sociales. Por ejemplo, piensa que eres muy bueno para identificar cuando otra persona necesita ayuda. Esto es una fortaleza social. Pregúntate: ¿en qué eres bueno? ¿Qué te gusta hacer? ¿En qué situaciones te sientes con mayor comodidad? ¿Qué actividades puedes realizar con mayor facilidad?
- **Debilidades sociales.** Pensemos en ellas como todo lo que se te dificulta hacer en una situación social. Por ejemplo, puede ser que te cueste decir que no al excusarte de algún evento o compromiso. Esto sería una debilidad social en la parte de la asertividad. Pregúntate: ¿en qué eres malo o en qué te consideras malo? ¿En qué situaciones te sientes incómodo? ¿Qué tipo de actitudes te han causado problemas? ¿Qué cosas de tus habilidades sociales quisieras cambiar?

- **¿Cuáles son tus motivos para emprender este camino?** Porque no podemos hacer nada sin preguntarnos los motivos y porque toda pregunta es una búsqueda. ¿Por qué quieres mejorar en tus habilidades sociales? ¿Hay algún evento al que quieres asistir? ¿Hay una persona a la que quieres conocer o impresionar? ¿Hay algún trabajo o pasatiempo que quieres conquistar? Pregúntate: ¿por qué quieres hacer esto? ¿Has hecho antes un ejercicio parecido? ¿Por dónde puedes empezar? ¿Qué asunto es el que consideras más urgente atender?

¿Cuáles son tus metas y a dónde quieres llegar?

Después de considerar estos asuntos, es importante que te traces una meta. No se trata de que escojas un objetivo y se quede ahí de una vez y para siempre; las metas pueden ir cambiando según vaya cambiando tu vida. Sin embargo, vale la pena que, aunque sea, te decidas por un primer objetivo para que tengas una dirección que seguir.

- Si estas aquí leyendo este libro, es porque ya has dado el primer paso de darte cuenta de en dónde estás parado. Puede ser que no tengas habilidades sociales y quieras mejorarlas, o quizá tu caso sea el de alguien curioso que simplemente quiere aprender un poco más sobre este tema. Independientemente del caso, estás aquí. Para trazar una meta, primero escribe, anota o piensa qué te gustaría lograr al terminar este libro. ¿Qué quieres aprender? ¿Qué quieres hacer? ¿En dónde quieres estar?
- Una vez que respondas esas preguntas, materializa lo que has pensado. Si tu respuesta a "¿Qué quieres aprender?" fue "Quiero aprender a dar un discurso en público", entonces ahora piensa en qué acciones te dirigirán a cumplir esa meta. ¿Cómo puedes mejorar esa habilidad? Tal vez una meta que te ayude a cumplir tu cometido sea, por ejemplo, que des un discurso breve frente a un grupo reducido de amigos y amigas. Este es un ejemplo de una acción que puedes tomar para alcanzar tus objetivos.

De lo que esto se trata es que establezcas algunas metas de corto plazo y acciones claras para llegar a ellas. Puedes tomar ideas de este ejemplo. El orden es: meta-acción a realizar:

- Hablar en público-dar un discurso breve frente a mis amigos y amigas.
- Hacer amigos en una fiesta-hablar con un extraño y sacarle tema de conversación.
- Tener un mejor puesto en mi trabajo-hablar con mi jefe y exponer mi caso.
- Tomar un café con la persona que me gusta-acercarme a esta persona y preguntar qué día tiene libre para nosotros.
- Por último, pregúntate cuál es tu motivación para leer este libro y para mejorar tus habilidades sociales. ¿Qué te motiva? ¿Por qué estás aquí? Puede que la respuesta a estas preguntas sea "Estoy aquí porque quiero tener más amigos" o "Quiero tener un mejor puesto en mi empresa". Independientemente del caso, busca cuál es tú motivación. Una búsqueda o un camino no tiene sentido si no hay nada que buscar. Sin embargo, tampoco tiene sentido si te rindes frente al primer obstáculo. Por eso es

importante que identifiques algo que te ayude a seguir adelante cuando lo necesites. Y si pierdes el camino o te distraes, una motivación te ayudará a recordar por qué empezaste este proceso.

Todas las ideas que hayas tenido mientras leías estos consejos, anótalas. Haz una lluvia de ideas. Escribe todo lo que se te ocurra. Escribe todas las metas que se te ocurran, pinta un escenario en el que quisieras estar, apunta lo que te motiva a seguir adelante. Acto seguido, guarda esa nota en tu teléfono o guarda esa libreta. Este será un espacio personal al que puedas acudir cada vez que te sientas abrumado o perturbado. Este espacio te ayudará y recordará por qué haces lo que haces. Digo esto porque a veces es complicado seguir adelante con un cambio cuando las cosas se ponen complicadas. Con este tipo de ejercicios, como el de mejorar las habilidades sociales, a veces nos vemos enfrentados con nuestra persona. No me refiero a algo negativo, sino que este camino te hará darte cuenta de habilidades que tenías o habilidades que te faltaban. Estas impresiones pueden causar muchas reacciones diferentes. Por ello, es importante que tengas algo que te recuerde por qué empezaste a recorrer este camino.

Tips útiles para antes de empezar

Estos son unos tips que te ayudarán a lo largo de todo el libro.

- **Fíjate en personas que tengan buenas habilidades sociales**. Puede ser tu mamá, tu papá, un hermano o hermana, primo o prima, alguna amistad, un compañero de clase, un profesor o profesora. Piensa en esa persona y en la habilidad social que tiene. Puede ser que esa persona tenga un manejo increíble de su cuerpo o que sea muy buena leyendo el lenguaje no verbal de los demás. Quizás esa persona sea una maravillosa oradora pública, o tal vez tenga una personalidad vibrante que le permita conocer gente en cualquier situación social en la que se encuentre. Una vez que tengas esta información, observa bien qué es lo que hace esa persona o investiga cómo lo hace. Dependiendo de la habilidad que quieras aprender, ten a este ejemplo en mente.

Por ejemplo, digamos que quieres dar un discurso público. Una persona que es muy buena dando discursos públicos es Barack Obama. Podrías ver los ademanes que hace, el tono de su voz, su carisma, su asertividad, etcétera. O piensa quizá en alguien más cercano a ti. Ve a esa persona, pregúntale qué hace y pídele consejos. Después, imítala. La manera más rápida e inmediata de que pruebes cómo se siente hacer algo es imitando lo que alguien más hace.

- **Busca opiniones externas**. Tú no puedes verte fuera de ti, pero las demás personas sí. Lo que recomiendo es que busques una perspectiva de alguien más. Eso te ayudará a adquirir retroalimentación, lo cual te servirá para saber cómo te está yendo en este proceso. Es importante que encuentres a una persona de confianza que te diga qué tal te ves y qué tal te va, pues todos tenemos puntos ciegos que no podemos identificar por nosotros mismos.

Digamos, por ejemplo, que estás trabajando en mejorar tus ademanes y gestos faciales. Claro, puedes hablar frente a un espejo y notar tus expresiones, pero no servirá hacer esto porque no sabes cómo te percibirían los demás.

En este caso, puedes pedirle a un amigo tuyo que te observe y te diga qué piensa él de lo que estás haciendo.

- **La práctica hace al maestro.** Es un dicho muy popular porque es verdadero. Este consejo lo doy en este sentido: lleva a la acción lo que leas. No importa si lees mucho sobre el tema o si tu conocimientos sobre habilidades sociales es muy superior. Si no puedes aplicar lo que aprendas en una situación social real, no te sirve de mucho todo lo que aprendas. Al fin y al cabo, por eso se llaman habilidades *sociales*, porque se llevan a cabo en un entorno social con otras personas. Si te quedas con estos conocimientos en privado, nunca podrás saber qué tanto has mejorado o si tu situación ha cambiado en algún sentido.

A lo que quiero llegar es que la verdadera acción, en este tipo de temas, está en la práctica. Hay personas que han leído muchos libros sobre habilidades sociales y, aun así, son muy torpes en la interacción. Por el contrario, hay otras personas que nunca han leído ninguna guía ni manual sobre el tema, pero son excelentes conversadoras y tienen un lenguaje corporal impecable. Estas últimas personas seguro platican mucho con la gente o se ponen siempre en un espacio social compartido. Por esto es importante que practiques. Sólo así podrás medir tu progreso.

3

Ansiedad social: Qué es, Cómo identificarla y Cómo reducir sus efectos

---

YA QUE HEMOS REVISADO algunos temas importantes antes de empezar, hablemos sobre ansiedad social. ¿Por qué hablar primero sobre ella? Porque ella hace la diferencia entre hacer algo para mejorar en las habilidades sociales o no hacer nada. ¿Por qué? Primero veamos qué es la ansiedad social.

¿Qué es la ansiedad social? Algunas personas suelen sentirse muy nerviosas o inquietas cuando tienen que enfrentarse a una situación social. Puede ser una entrevista de trabajo, liderar un grupo, asistir a una clase llena de personas desconocidas o presentar un proyecto. En cualquier caso que se te ocurra, si sientes nervios incontrolables o problemáticos, lo más probable es que padezcas algún grado de ansiedad social. Es por eso por lo que es importante identificar si tienes ansiedad social. Hacer esto te permitirá tener una imagen más completa de por dónde debes empezar a trabajar en tu habilidad social.

Cuando se padece ansiedad social, se tiene miedo de quedar en ridículo, de equivocarse, de hablar con extraños, de ver a los ojos a la gente. Puede tener muchas formas diferentes. Ella te puede poner en una situación indeseable o incómoda. Pero no todo son malas noticias. La ansiedad social puede atenderse al punto en el que puedas reducirla notablemente. En este capítulo revisaremos cuáles son las causas de la ansiedad social, cómo se manifiesta y qué puede hacerse para solucionarla.

¿Cómo saber si tienes ansiedad social?

Gran parte de mi vida padecí una ansiedad social muy fuerte. Recuerdo que cuando peor la tuve fue cuando me gradué de la universidad. ¿Por qué? En ese momento de mi vida, yo estaba pasando por muchos cambios. Me llenaba de incertidumbre estar graduado y no tener un trabajo o estar haciendo lo que quería hacer. Esa incertidumbre se convirtió en miedo y, al final, en ansiedad social.

Yo no salía mucho, no asistía a entrevistas de trabajo y me ponía muy nervioso conocer gente nueva. Incluso empecé a sentirme inseguro de mí mismo. Tiempo después entendí qué detonaba mi ansiedad social y trabajé en ello por bastantes meses. Hoy ya no soy la misma persona que era antes, pero eso llevó un esfuerzo detrás.

Bueno, pues veamos ahora si tú tienes ansiedad social o no. Estas son algunas de las situaciones más comunes que detonan la ansiedad social:

- Asistir a un evento
- Hablar con extraños
- Hablar frente a un público
- Hablar con una figura de autoridad.
- Ver a los ojos a un interlocutor en una conversación
- Llamar la atención en un espacio público
- Sentir nervios incontrolados al estar en un espacio desconocido
- Hacer una llamada telefónica
- Recibir críticas de terceras personas

Seguro has estado en alguna de esas situaciones.

Piensa cómo te sentiste en ellas, si incluso leyéndolas ahora te has puesto nervioso o te han sudado las manos. Bien, una vez que tengas el pensamiento o el recuerdo, concéntrate en ello. ¿Qué pasó? ¿Cómo sentiste?

¿Qué hiciste para salir de esa situación? Cuando una persona tiene ansiedad social, hay diferentes señales físicas que pueden delatar ese sentimiento. Por ejemplo:

- Excesiva sudoración del cuerpo o las manos
- Voz temblorosa
- Aumento de la sudoración
- Aumento en el ritmo cardiaco
- Dolor de estómago o mala digestión
- Dolor de cabeza
- Mareos o náuseas
- Aumento en la velocidad de la respiración
- Confusión al hablar
- Hablar muy rápido
- Lenguaje corporal cerrado
- Esconderse o evitar una situación social

Si has sentido estas reacciones en tu cuerpo o en tu actuar, lo más probable es que padezcas ansiedad social. ¿Tratas de evitar por completo cualquier situación que involucre un contacto con alguien más? ¿Haces excusas para no hablar con extraños? ¿Te pone muy mal el intentar expresar lo que sientes o piensas?

¿Sobreanalizas todo lo que dices y haces? ¿Te preocupas con días o semanas de antelación por el resultado de una situación social? ¿Intentas predecir el resultado de tus interacciones sociales?

Causas de la ansiedad social

Hay diferentes y diversas causas de la ansiedad social. No hay una causa o motivo que sea más claro que el otro, pues cada persona es diferente y cada uno tiene su propia experiencia de vida que determinará su ansiedad social. En este apartado revisaremos algunas de las causas más comunes de la ansiedad social. La revisión no es muy profunda, pero abarca distintas razones. Si te interesa saber más sobre esto, te aconsejo consultar a un experto en el tema.

El peso de nuestro pasado

¿Conoces el caso de los perros o ratas que fueron condicionados para comer un pedazo de comida cuando sonara una campana? Bueno, las personas también podemos ser condicionadas de la misma manera. No es que haya un científico experimentando con nosotros y nuestra mente, sino que también podemos tener ciertos estímulos que nos hagan actuar de cierta manera.

Esta causa de la ansiedad social propone que el pasado de nuestra vida influye directamente en nosotros como detonante de la ansiedad social. ¿Cómo? De la misma manera que los animales son condicionados. Digamos que tienes una experiencia fuerte y recuerdas de ella un sentimiento o acto muy peculiar. La teoría dice que recordar ese momento causará en tu cuerpo un efecto específico; en este caso, te causará ansiedad social porque estás acostumbrado a tener esa reacción.

Pensemos en un ejemplo práctico para ilustrar lo que digo. Imagina que cuando trabajaste para una empresa de ventas tuviste que asistir a una reunión con un cliente que fue difícil para ti. La empresa contaba contigo para que hicieras el trato, pero fallaste.

Tal parece que el cliente fue grosero contigo y te hizo sentir muy nervioso. No supiste cómo actuar, y el resultado fue fatal. Ahora, cada vez que tienes un compromiso con un cliente importante te pones muy nervioso. Buscas la manera de evitar esa situación porque los recuerdos vienen a tu mente. Crees que vas a arruinar el trato o que la persona te hará sentir muy incómodo. Esto es un ejemplo de ansiedad social por el pasado de nuestra vida.

Influencia genética y familiar

Esta causa de la ansiedad social observa los antecedentes familiares. Es decir, esta teoría señala que el origen de este tipo de ansiedad se encuentra en el historial familiar de los padecimientos del ánimo. Si tu padre padeció depresión, por ejemplo, podría significar que tú eres propenso a padecerla también. Es lo mismo con la ansiedad social. Nosotros compartimos ciertos genes con nuestra familia, y de ese pozo es de donde sacamos algunas de nuestras características.

La responsabilidad de la mente y de los sentimientos sobre nuestra persona

Lo que tenemos dentro es lo que reflejamos. Lo que esta teoría dice, se puede resumir en esa oración. Aquí tendríamos que fijarnos en nuestros pensamientos y en lo que sentimos sobre nosotros mismos. ¿Cómo? Pensemos, por ejemplo, que eres una persona muy positiva, enérgica, perseverante y cálida. Tu percepción sobre ti mismo será muy buena. Tendrás una autoestima alta, gran confianza en tus pensamientos y acciones y querrás compartir tiempo con otras personas. Piensa, por el contrario, que te percibes como una persona insegura, sin buenas cualidades y que no tiene nada bueno que aportar. Por más que lo intentes, ves todo te manera muy pesimista.

La idea que tendrás de ti será muy mala. Tu mala actitud se reflejará en tu personalidad, lo cual te causará problemas para relacionarte con los demás.

. . .

Yo tenía un primo al que le costaba muchísimo convivir con el resto de la familia.

Cuando jugábamos partidos de fútbol entre primos y primas, recuerdo que nunca quería participar. Si le preguntabas por qué, te respondía que no era nada bueno pateando la pelota o cubriendo una portería. Esto se repetía en todas las reuniones. Por su actitud, luego nadie quería jugar con él y, además, él se escondía y escapa de nuestro trato. Esto sucedía porque él tenía una mala idea suya, lo cual se vio reflejado en sus acciones. Además, cuando intentaba acercarse a nosotros, se ponía muy nervioso.

Este ejemplo ilustra de una manera sencilla cómo nuestras impresiones interiores sobre nosotros mismos pueden afectar cómo nos vemos y cómo nos tratan los demás. Esta teoría de eso va.

Miedo de defraudar a los miembros del grupo social

En esta teoría veremos que se pone en juego el tema de la sociabilidad humana. Como somos seres humanos, sentimos la necesidad de estar en un grupo. Por esta razón, hacemos lo posible para poder pertenecer a una "manada". Solamente hay que pensar en el auge y presencia de las redes sociales en nuestro día a día como prueba de esto. Nuestra necesidad de estar conectados y sentir que pertenecemos a un sitio está presente todo el tiempo.

Cuando decimos que existe una ansiedad social por miedo a no defraudar a los miembros del grupo social, nos referimos a que deseamos aportar a la cohesión social lo más posible. En otras palabras, no queremos ser la persona que rompa el orden existente. Eso podría resultar en nuestra expulsión del grupo. Si nos sacan de un espacio social, nos quedamos solos. ¿Cómo se puede sobrevivir si estamos solos?

Claro, puedes conseguir tus víveres y herramientas necesarias por ti mismo, pero no tienes otra persona con la cual realizar los actos más básicos de la interacción humana.

En palabras más simples, la ansiedad social, según esta teoría, sería causada por el miedo a decepcionar a los miembros del grupo. Uno trataría de evitar las situaciones que lo pongan en riesgo de ser expuesto frente a los demás.

Estas son algunas de las causas de la ansiedad social. Por supuesto, no son todas ni tampoco nos mutuamente excluyentes. Es decir, puede que tu ansiedad social esté causada por algunas de las razones aquí expuestas o puede que no. También puede ser que estas causas estén en ti todas combinadas, o que sólo una de ellas sea afín contigo. La cosa es que ninguna de estas causas de la ansiedad social es absoluta, lo cual significa que no puede excluir a las demás.

Obstáculos para superar la ansiedad social

Ya que hemos visto cuáles son algunas de las causas de la ansiedad social y qué situaciones la estimulan, veamos ahora frente a qué obstáculos podríamos enfrentarnos al momento de querer superarla.

El primer y más importante obstáculo es la falta de confianza en uno mismo. Cuando yo me puse de meta superar mi ansiedad social, recuerdo que lo primero que pasó por mi mente fue decirme a mí mismo que no podría hacerlo y que no era capaz. Me comparé con otras personas y me vi a mí mismo en un escenario bastante desolador y pesimista. Ya leímos en el apartado anterior qué pasa cuando caemos en estas actitudes. Claro, yo sólo terminé empeorando mi ansiedad y me rendí muy rápido en el intento de superarla.

La falta de confianza en uno mismo es un obstáculo para superar la ansiedad social porque nuestras acciones se ven comprometidas. Todo el esfuerzo que pudiéramos llegar a hacer para cambiar podría verse interrumpido o cortado por completo por nuestra falta de fe. Quizá hoy quieres salir a dar un pasero para conocer a una persona nueva, pero tu falta de confianza en ti mismo te dice "No, no salgas. No te va a salir bien y nadie va a querer hablar contigo.". Básicamente, no confiar en ti es como autosabotearte intencionalmente.

¿Cómo se puede evitar caer en este comportamiento vicioso? Más adelante hablaremos de ello. Por lo pronto, ten en mente que esa actitud puede cambiarse y modificarse para que no interrumpa tus esfuerzos para mejorar tus habilidades sociales. El proceso de aprendizaje está lleno de baches y dificultades, por eso es un proceso y no un camino en línea recta.

La falta de confianza en uno mismo lleva al segundo obstáculo: la anticipación negativa. ¿Qué significa esto? Predisponerse a algo significa prever un hecho o resultado. Por ejemplo, que te predispongas a que saques la mejor calificación en el cierre del mes de ventas o que saques el peor resultado. Esto es una anticipación basada en conjeturas, es decir, en evidencia no real ni comprobada. Predisponerse de forma negativa significa que esperas un resultado malo, indeseable o no preferible.

¿Qué significa esto para la ansiedad social? Significa que te anticipes negativamente ante las interacciones sociales. No importa que aún no hayas ido a esa fiesta, que no hayas levantado la mano para hacer una pregunta, que no le hayas pedido a tu supervisor el aumento o que no hayas preguntado por ese café. En tu cabeza ya sobrepensaste todos los escenarios posibles y te convenciste de que nada bueno saldrá de lo que hagas. Por tanto, aquí entra la ansiedad social. Ya no te atreves a preguntar, no tomas ese riesgo. Por supuesto que siempre es bueno tomar precauciones con algunas cosas; no queremos andar por nuestra vida sin pensar antes de hablar o de actuar. Correcto. Pero si tenemos de meta superar nuestra ansiedad social, anticiparnos y sobrepensar las acciones no nos ayuda a calmar nuestros nervios. Caemos en un círculo vicioso de pensar de un lado a otro cuál podría ser el posible resultado de cierta acción. Así, realmente nunca intentaremos hacerla y nos quedaremos de brazos cruzados. Y si no actuamos, menos mejorará nuestra confianza.

El tercer obstáculo son los pensamientos negativos sobre uno mismo. Bien, pues ya que padeciste de baja confianza y caíste en la anticipación negativa, puede que puedas también caer en el vicio de pensar mal sobre ti mismo.

Imagina esto como una rueda en la que se necesitan muchos engranes pequeños para que se pueda hacer el giro. Ahora piensa que ese círculo es la ansiedad social y que todos los pequeños engranes son todos estos obstáculos que hemos ido nombrando. Sin ellos, nuestra ansiedad no podría ir tan fácil. Pues bien, los pensamientos negativos son parte de ese sistema.

. . .

Piénsalo de esta manera. Un pensamiento negativo, como ya vimos antes, es todo aquello que piensas sobre ti mismo que no necesariamente te deja bien parado ante ti y ante los demás. Imagina que vas a ir a una fiesta, y tú no sabes qué ponerte. Llega la hora y decides ponerte lo primero que viste en el clóset. Asistes al evento, entras al cuarto y sientes cómo todas las miradas de todos los asistentes se posan sobre ti.

Ves que aquella chica señaló tus zapatos y que ese muchacho levantó las cejas al ver el color de tu camisa. Caminas un poco para sacudirte las miradas y te vas a una esquina oscura en donde nadie pueda verte. Te sientas y sacas tu celular para que parezca que estás ocupado. Minutos después, notas que alguien se acerca a ti.

¿Vendrá a decirte que tu ropa es horrible? ¿Qué te ves mal? Al fin y al cabo, no lo pensaste mucho y tendría sentido que no te vieras de la mejor forma posible. Quizá nunca debiste haber ido a esa fiesta en primer lugar. Pero, no. ¿Cuál es tu sorpresa al ver que el sujeto que se te acercó te preguntó dónde compraste tu camisa? Le encanta y quiere conseguir una igual.

. . .

Ese es un ejemplo rápido y sencillo para ver qué son los pensamientos negativos. Notemos que varios obstáculos para superar la ansiedad social se combinan aquí. Primero, la anticipación y los pensamientos negativos. Tú estabas esperando comentarios negativos y que te criticaran abiertamente por tu ropa. Además, pensaste mal de ti y te dijiste que te veías mal ni siquiera habiéndote visto al espejo.

Esto afectó tu confianza y decidiste irte a esconder a un rincón oscuro y apartado.

Este último acto es el último obstáculo de la ansiedad social: los mecanismos de seguridad.

¿Por qué dejar la explicación de los mecanismos de seguridad hasta el final? Porque estos mecanismos nos dan una falsa sensación de que estamos por fin sobreponiéndonos a la ansiedad, de que ya la estamos superando. Sin embargo, la realidad está muy alejada de ello.

. . .

¿Qué son los mecanismos de seguridad? Así se le llama al conjunto de acciones que se hacen para evitar un contacto social en medio de un contacto social. ¿Cómo? Como el ejemplo que revisamos sobre la fiesta. Decidiste ir a la fiesta, ¡bien por ti! Pero nunca interactuaste con nadie, no bailaste, no hiciste amigos, no subiste la mirada y nunca te paraste del banquito de aquel oscuro sitio. Piénsalo como si te escondieras a plena luz del día. Estás allí, pero nadie puede verte. Eso mismo es un mecanismo de seguridad. Son acciones que tomamos para sentirnos, valga la redundancia, seguros o seguras. Por ejemplo: ir a una boda para no quedar mal con los novios, pero no hablar con nadie; asistir a una reunión laboral en otra ciudad, pero no hacer ningún contacto nuevo ni intercambiar tarjeta con nadie; ir a la clase de pintura a la que tanto querías asistir, pero nunca hacer preguntas, alzar la mano ni mostrar tu trabajo. En resumen, es todo lo que hacemos para evitar ser vistos.

¿Cuál es el problema de los mecanismos de seguridad? El problema de los mecanismos de seguridad es que nos dan una falsa sensación de que estamos progresando en el camino de superar la ansiedad social, cuando, en efecto, no es así. ¿Cómo que una falsa sensación? Pues, a lo mejor tú creíste que ir a la fiesta a la que, según tú, fuiste mal vestido, sería un avance para tu ansiedad. Sin embargo, ¿en realidad lo fue? No hablaste con nadie, no hiciste amigos, no hiciste nada. No enfrentaste tus miedos, no te confrontaste contigo mismo, no te expusiste ni corriste ningún riesgo. Es como si no hubieras hecho nada en primer lugar.

El resultado del abuso indiscriminado de los mecanismos de seguridad es que los otros obstáculos para superar la ansiedad social no mejorarán e, incluso, podrían empeorar. Tu seguridad seguirá siendo baja, tu confianza también; tus pensamientos negativos podrían incluso acentuarse. ¿Por qué? Porque tal vez creíste que te sentirías mejor saliendo de tu casa y asistiendo al evento, pero ¿cuál es tu sorpresa al ver que te sigues sintiendo mal? Podrías llegar a sentir que no hiciste nada y que, por lo tanto, sigues siendo torpe para las interacciones sociales. Tu habilidad social no ha mejorado para nada, pues no has hecho un ejercicio para ayudarla.

. . .

Sin embargo, no todo está perdido. Equivocarse es parte del aprendizaje y del proceso. Si no pasaras por ninguno de estos obstáculos, no podrías aprender a reconocerlos. Así que, ¡ánimo! Verlos es un buen primer paso. Puede llevarte mucho o tiempo o poco tiempo. Cada uno tiene su camino y cada uno se tardará lo que se tenga que tardar.

Superar la ansiedad social

Ya hemos llegado al momento de ver qué hacer con la ansiedad social. ¿Podemos aprender a controlar sus efectos? Por supuesto. Hay diversos ejercicios que podemos intentar que nos ayudarán a estar más tranquilos en las situaciones sociales y en los espacios compartidos con otros individuos. Aquellas personas que sufren de ansiedad social tienen constantemente muchas ideas en la cabeza, las cuales las ponen en situaciones incómodas y no muy buenas para sus habilidades sociales.

¿Cuál es la solución para esto? Lo que debemos hacer es trabajar en esos pensamientos y en nuestras reacciones antes las situaciones sociales.

Técnica de la exposición prolongada

¿En qué consiste la técnica de la exposición prolongada? Lo que busca esta estrategia es que te enfrentes, poco a poco, a tus miedos sociales. Imagina esto como hacer ejercicio.

Si quisieras hacer cincuenta lagartijas seguidas, no podrías hacerlas de golpe sin antes haber entrenado para ello, ¿no? Primero empiezas calentando, y luego, cada día, haces una repetición que va aumentando cada vez que entrenas. Empiezas con cinco lagartijas, y vas en aumento. Luego, en un par de semanas, ya puedes hacer quince lagartijas seguidas, por ejemplo. Esto sería una exposición prolongada en el ejercicio físico.

Si fueras a aplicar esta técnica en los miedos sociales, sería algo como esto. Digamos que una meta personal es que asistas a un club nocturno a conocer personas nuevas y diferentes. Sin embargo, te da mucha pena hacer esto porque te sientes inseguro, con baja autoestima y poca confianza. La estrategia de la exposición prolongada, ¿cómo aplicaría aquí? Yo haría esto.

Primero, buscaría un club conocido para mí e iría con un grupo de amigos. Intentaría esto varias veces hasta que me sienta cómodo en ese espacio. Después, buscaría un lugar diferente y cambiaría de grupo. La idea es irme poniendo en situaciones que sean incómodas y acostumbrarme hasta que ya no me molesten. Poco a poco, iría cambiando de espacios y me pondría en situaciones que me reten a mí y a mi miedo social.

Ya cuando sienta que puedo lidiar con mi ansiedad en las situaciones que describí, intentaría ir a un lugar desconocido e iría solo o con un par de amigos. Imagino todas las salidas anteriores como práctica para el momento final. Esta es la estrategia de la exposición prolongada. ¿Cómo podría ser para ti? Busca algo que quieras hacer y que te cueste mucho. ¿Qué situación te pone muy nervioso? ¿Qué activa tu ansiedad social? Una vez que lo tengas en mente, traza un plan en el que te vayas acercando poco a poco a tu objetivo. Por ejemplo, podría ser que quieras hablar con tu jefe para comentarle que crees que mereces un mejor salario. Claro, a cualquiera esta situación le puede alterar la tranquilidad. Para enfrentarte a tu miedo, podrías escribir en un papel, primero, lo que quieres decir. Podrías practicar frente al espejo, después frente a un amigo, y así sucesivamente. La meta es que puedas hablar con tu jefe sin sentir miedo o nervios excesivos.

Reducir la autoconciencia: enfócate en los demás

Este es un paso crucial para superar la ansiedad social. Cuando te sientes inseguro, inquieto o tu confianza se ve turbado por algo, es común esperar que la autoconciencia aumente a un nivel que sea dañino para ti. ¿Qué es la autoconciencia? Es la concentración que diriges hacia ti mismo. Es como estar pendiente de lo que piensas, lo que te rodea, lo que dices, etcétera. Por supuesto que un poco de ella es buena e incluso necesaria para una buena convivencia. Sin embargo, exceso de autoconciencia puede perjudicarte en tus relaciones interpersonales. ¿Por qué?

Porque si te fijas demasiado en lo que haces, analizas cada palabra y sobreanalizas cada resultado corres el riesgo de salirte de la realidad que te rodea.

. . .

Piensa en el ejemplo de la fiesta que vimos hace un momento. Ese pensar demasiado en lo que dicen de ti, pensar en tu ropa, zapatos o cabello, en vez de concentrarte en conocer a otras personas, sería tener una autoconciencia excesiva. La autoconciencia está vinculada a la ansiedad social. Además, nos da una falsa sensación de seguridad en medio de una situación social. ¿Te suena conocido? Así es, la autoconciencia es un mecanismo de seguridad. En un principio, podría parecernos saludable fijarnos en cómo nos presentamos al mundo, pero podemos caer el riesgo de caer en una actitud demasiado controladora y limitante.

¿Qué puedes hacer para reducir la autoconciencia?

- No sobreanalices cada paso que des. No sobreanalices tus palabras, tus pensamientos, tu vestimenta, tu trabajo. Déjate llevar más de vez en cuando. No solamente sobreanalizar te hará ser más autoconciente, sino que te evitará sorprenderte ante las situaciones de la vida. ¡No lo pienses tanto! Aunque lo hagas, no podrás anticipar el resultado de lo que hagas. Además, lo más probable es que nadie esté tan pendiente de ti como tú lo estás. Sólo tú te estás fijando de esa muletilla que tienes, y sólo tú sabes que el color de tus calcetines no combina.

- Nadie puede notar que estás ansioso. El miedo de que los demás noten que estás ansioso puede ser un factor clave para la autoconciencia. ¿Por qué? Porque vas a estar pendiente de que los demás no noten que estás sudando o que tiemblas. Esto te hará controlar tus movimientos y restringir lo que dices. Lo cierto, sin embargo, como dijimos arriba, es que nadie está tan pendiente de tú como tú crees. Cada persona tiene sus propios pensamientos y problemas, y seguro cada persona también se pone nerviosa en su propia situación. Te aseguro que nadie puede notar lo nervioso que estás; bueno, quizá solo tú.

- Y aunque se no te que estés nervioso, no pasa nada. Claro. Porque todos nos ponemos nerviosos de vez en cuando. Es normal que no te sientas cómodo si tienes que hablar en público o pedir un aumento. Estos escenarios son riesgosos para cualquiera porque ponen mucha presión en nuestros hombros. Piensa en eso la próxima vez que te pongas muy ansioso. Nadie te juzgará duramente si te equivocas al hablar o si te cuesta trabajo articular tus pensamientos. Por el contrario, la empatía será desbordante en situaciones así.

- No eres el centro de atención. Sí, nadie es el centro de atención. Nadie se está fijando en ti, así como tú tampoco te fijas en los demás. A menos que estés sobre una plataforma, con un micrófono en la mano o una señal luminosa sobre tu cabeza, lo más probable es que todos estén ocupándose de sus propios asuntos.

- No te precipites ni te predispongas. Así es.

Ten en mente que superar la ansiedad social de una vez por todas es un escenario ideal y utópico. Todos nos topamos con baches y obstáculos; a veces dar dos pasos adelante se podrá sentir como regresar tres espacios. ¡No pasa nada! Fallar es parte del aprendizaje y de la vida en general. Nadie te está persiguiendo, entonces no corras por escapar.

- Y lo más importante: sé tú mismo. No temas ser quien eres. No tienes que encajar en un molde para caerle bien a los demás. Recuerda que somos miles de millones de personas en este mundo, así que hay muchas oportunidades para expresar quien eres. Siempre habrá un grupo de gente con el que puedas entender. Por tanto, si no has encontrado dónde encajar, seguramente pronto encontrarás a esas personas que te aprecien por quien eres. ¡Sé auténtico!

Confrontar los pensamientos negativos

La salida más pronta para confrontar los pensamientos negativos es que analices lo que estás sintiendo. No en un nivel en el que sobreanalices todo, sino en un nivel saludable y sensato. Piensa un poco en qué estás sintiendo, piensa por qué lo estás sintiendo, y analiza cuál pudiera ser la solución. Es como si dieras un paso fuera tu cuerpo y te vieras a ti mismo fuera de quien eres. Trata de racionalizar lo que sucede, como si estuvieras dándole un consejo a alguien. Podrías hablar, incluso, en tercera persona: "X está sintiendo esto por esta razón", "A X no le gustó eso", "X puede hacer esto para sentirse mejor".

Busca situaciones que sean cómodas para ti

Para lidiar con la ansiedad social no siempre tienes que buscar situaciones en extremo complicadas o incómodas. Es decir, no tienes que obligarte a ir a una fiesta y bailar frente a todo el mundo si no quieres hacerlo.

Piensa en algo que te guste hacer y busca personas que compartan ese gusto. Podrías buscar un grupo de ciclismo, un club de cocina o lectura, un grupo de pintores, etcétera. Podrías empezar por allí a abrirte a las demás personas. Así, matarás dos pájaros de un tiro: harás algo que te gusta y practicarás tus habilidades sociales. Estar en un ambiente ameno y agradable apaciguará bastante tu ansiedad social.

Construye tu vida alrededor del cambio que quieres ver para ti

Esta técnica tiene que ver con tu estilo de vida. Mente y cuerpo son inseparables, pues, la mente sana está en un cuerpo sano. ¿Sabías que en la antigua Grecia se enseñaba educación física con la misma importancia con la que se enseñaba filosofía o física? Este pueblo creía que el cuerpo y la mente debían estar ambos en un buen estado de salud, pues si alguno fallaba, el otro no podía funcionar bien.

Revisemos algunos cambios de hábito que pudieran servirte para reducir tu ansiedad:

- **Reduce o elimina tu consumo de alcohol y cafeína**. Las bebidas que contienen cafeína o alcohol pueden activar o empeorar los síntomas de la ansiedad. ¿Alguna vez has tomado café estando muy nervioso por algo? El resultado no es bonito. Cambia estas bebidas por jugos naturales o agua.

- **Actívate**. Los expertos recomiendan treinta minutos de ejercicio al día. Puedes hacer ejercicios cardiovasculares o de musculación. La idea es que te muevas y hagas que la sangre corra por tus venas. No sólo encontrarás un espacio que dedicarás sólo para ti, sino también una sensación de calma y relajación gracias a las hormonas que el ejercicio libera en tu cuerpo.

- **Encuentra una dieta que se acople a tus necesidades**. Todas las personas tienen cuerpos diferentes, por lo cual nuestras necesidades también lo son. Busca una dieta que se acople a tu estilo de vida y a las necesidades de tu cuerpo. Una mala o deficiente alimentación puede devenir en poca energía, mal humor y bajo rendimiento. Intenta comer saludablemente. Prepara tus comidas con antelación o busca platillos sencillos para que puedas preparar.

- **Duerme bien**. El eterno dilema de la vida moderna: las pocas horas de sueño. ¿Sabías que dormir poco puede afectar tu memoria, capacidad de concentración y humor? No siempre le damos importancia al sueño, lo cual puede tener consecuencias graves a largo plazo. Así que, está bien, duérmete temprano y no te sientas culpable si no pasaste la noche en vela terminando un trabajo. Es importante que cuides de tu salud mental y física. Recuerda que dormir nos sirve para filtrar y limpiar nuestro cerebro de toxinas dañinas.

- **Fortalece las relaciones interpersonales que ya tengas**. Es importante que te apoyes de las personas que ya conoces. Busca familiares, amigos o compañeros que te apoyen y te hagan sentir bien. Estas personas te acompañarán en tu camino y procurarán darte ayuda cada vez que las necesites. No te aísles del mundo. Siempre será bueno compartir momentos con las personas que nos importan, y seguro tu ánimo te lo agradecerá.

- **Manejo del estrés**. El estrés es un problema que le aqueja a casi todas las personas que conozco y casi a todas las que tú conoces también, seguro. Hoy en día es muy fácil estresarse por cualquier cosa. Nos estresamos por las noticias, por el pronóstico del clima, por el tráfico, por el trabajo. El mundo se mueve tan rápido y nosotros somos muy pequeños y estamos indefensos. Por supuesto que en medio de toda esta ola de información y cambios nos veremos volcados en mucho estrés. ¿Qué podemos hacer para reducirlo?

Hay muchas técnicas que pueden resultarte útiles para este propósito. Por ejemplo, si tu trabajo te estresa, deja tu trabajo en la oficina. No contestes llamadas de trabajo en medio de un almuerzo o después de cierto horario. Hay cosas que puedes resolver al momento y otras cosas que no puedes resolver. Entonces, ¿por qué preocuparse?

No todo está en tu control.

Otra cosa que puedes hacer es empezar a meditar. Hay muchas maneras de hacerlo, pero yo recomiendo dos. La primera se trata de esa meditación que vemos en series o películas: consigue un espacio callado y con luz tenue, siéntate en el piso, cierra los ojos y relájate. Este tipo de meditación empieza en el cuerpo y se extiende hasta la mente. La idea es que te desconectes del mundo y puedas tener un espacio en el que sólo la respiración ocupe tu mente. Otro tipo de meditación que me gusta practicar y recomendar es la que trabaja sobre tus pensamientos. ¿Cómo funciona? Esta meditación busca que te conectes con tu mente y que estés consciente de tus alrededores. Este nivel de consciencia no es excesivo ni dañino, sino sanador.

¿Por qué? Esta meditación busca que sepas identificar lo que sientes para que sepas cómo lidiar con ello. En el mundo de hoy estamos muy conectados con otros a través de redes sociales, pero muy desconectados de nosotros mismos. Tómate un tiempo para anotar lo que sientes y preguntarte por tus pensamientos.

Para cerrar este primer capítulo, te dejo con la siguiente reflexión: esto es un proceso. Los procesos tienen diversos pasos, dificultades y estrategias. Todo esto es parte del camino para superar la ansiedad social, así que no te preocupes tanto por correr ni por apurarte. Cada persona tiene su trayecto que recorrer.

Recuerda que tú ya diste el paso más importante, que es querer cambiar tu situación. Quizá antes no sabías qué era lo que te molestaba, y ahora ya lo sabes. Eso es lo más importante del proceso: estar consciente de en dónde estás parado. Los resultados podrían tardar en llegar, no te mentiré. Así que procura ser perseverante. ¿Recuerdas esa hoja de apuntes que mencionamos en los capítulos anteriores? Cuando sientas que ya nos aves porqué haces lo que haces, puedes sacar esa hoja y recordarte a ti mismo porqué empezaste este camino. ¡No te rindas!

4

Lenguaje corporal: Cómo leer la mente de las personas

¿Sabes qué es el lenguaje corporal? Seguro has escuchado esa expresión o frase que dice algo relacionado con el lenguaje corporal de una persona. Por ejemplo, "Su presencia es muy fuerte", "Demuestra mucha confianza", "Inspira confianza" o "No me da nada de confianza". Este tipo de presentimientos los percibimos por el lenguaje no verbal. ¿Por qué y qué es el lenguaje no verbal?

Nuestras palabras no son las únicas que comunican nuestros pensamientos, deseos o disgustos. También nuestro cuerpo lo hace, y me atrevo a decir que incluso más.

. . .

La ciencia menciona que el lenguaje corporal es responsable de más de la mitad del porcentaje del potencial comunicativo de nuestras personas. Es decir, que más de la mitad del porcentaje de nuestra comunicación se expresa a través de nuestro cuerpo, de nuestras expresiones faciales, de nuestro tono de voz, entre otros. Por ello podemos tener presentimientos o ideas de cómo es una persona, porque podemos leer su lenguaje corporal.

¿Y qué es el lenguaje corporal? ¿Qué involucra? Todo lo que no sean palabras escritas o habladas es lenguaje no verbal. Es decir, el movimiento de nuestra cabeza, de nuestros brazos, pies y piernas, el tono de voz, la velocidad con la que hablamos, la postura, la posición de los hombros. Todo ello es el lenguaje corporal. Lo estudiamos en este libro de habilidades sociales porque es importante saber leer e interpretar el lenguaje corporal de los demás para poder entablar relaciones sociales significativas.

Asimismo, también es importante que nosotros sepamos lo que comunicamos con nuestro cuerpo.

. . .

Te daré un ejemplo. Recuerdo que cuando apenas entré a trabajar en donde estoy hoy, tenía una compañera a la que no le caía muy bien. Al menos eso creía yo. Cada vez que yo le daba los buenos días, ella nunca me respondía. No me volteaba a ver, no me estrechaba la mano y siempre rehuía a mi mirada.

Sus piernas las cruzaba y me daba la espalda cuando podía. Si me la encontraba en la cafetería, ella me pedía con un tono grosero que le diera permiso y que la dejara pasar a su mesa. Yo no podía entender por qué no le gustaba mi presencia, así que la confronté y le pregunté amablemente los motivos de sus actos. Al parecer ella no tenía ningún problema conmigo, pero entendía por qué tenía la duda. Ella se daba cuenta de que su cuerpo comunicaba muy fuertemente que yo no le agradaba, pero no sabía cómo cambiar eso. Este es un ejemplo de lo que puede pasar cuando no sabes leer ni manejar bien tu lenguaje corporal.

En este capítulo revisaremos cómo leer el lenguaje corporal de otras personas y cómo proyectarlo desde ti mismo. Cuando dominas esta actividad, puedes tener la oportunidad de mejorar en la interacción social en general. Podrás saber lo que las personas piensan incluso antes de que lo digan; podrás proyectar confianza y alta autoestima; podrás conectar mejor con las personas y ellas podrán también entenderte a ti un poco mejor.

¿Cómo entender el lenguaje corporal de otras personas?

Para empezar a hacerse un maestro en el lenguaje corporal, empecemos revisando lo que otras personas comunican con su lenguaje no verbal. Esto te servirá de práctica para entender a los demás y también para ti mismo. Comencemos analizando las señales negativas.

Nuestro cuerpo, como ya dijimos, tiene un gran potencial comunicativo. Esto sucede porque el cuerpo manda señales inconscientes hacia el resto del mundo. Puede que tú no te des cuenta, pero quizá estés encorvado justo ahora, mientras lees el libro. Puede que no te sientas cansado o agotado, pero para el resto del mundo podría ser el caso. Este tipo de señales son inconscientes, pero hacerlas conscientes es la clave y lo que queremos conseguir al final de este capítulo.

En nuestra vida lidiamos con todo tipo de personas: agradables, comprensivas, difíciles, impacientes, irrespetuosas, generosas. Hay de todo tipo. En ocasiones, es sencillo identificar cuando a una persona no le agradas o no quiere hablar contigo.

En otras, sin embargo, no es tan fácil darse cuenta de ello. ¿Qué señales del lenguaje corporal te ayudarán a darte cuenta de esto? Los siguientes son algunos signos o comportamientos que indican que la persona que tienes en frente no quiere establecer ningún contacto contigo, que no le agradas, que no está feliz o que preferiría estar en otro lado.

- Tiene los brazos cruzados frente al pecho.

- Sus pies están dirigidos hacia la puerta.

- Tiene el ceño y los labios fruncidos.

- Suspira seguido y voltea a ver a otro lado.

- No te ve a los ojos cuando le hablas.

- Tiene los hombros bajos y se aleja de ti.

- Está jugueteando con sus manos, cabello, o cualquier cosa que distraiga su atención de ti.

- Su expresión facial no cambia ni demuestra ninguna emoción.

Estas señales son sólo algunas de las cuales podrían indicarte que esa persona tiene su mente en otro lado o simplemente no quiere estar contigo. Esto no tiene nada de malo. Sin embargo, saber leer esas señales te ayudará a escoger mejor tus conversaciones y saber en dónde vale la pena estresarse y en dónde no. En pocas palabras, podrás ser más inteligente al escoger tus interacciones sociales.

¿Cuáles son las claves para proyectar un buen lenguaje corporal? ¿Cómo puedes mostrarte como deseas ser visto?

Ya sea que quieras proyectarte como un sujeto amable, abierto, cálido y relajado, o como una persona imponente, líder, confiada y poderosa, el lenguaje corporal será tu aliado más fiel, útil y constante. Si tienes control de lo que proyectas y conoces bien las señales que tu cuerpo puede emitir, reducirás en lo posible las confusiones o malinterpretaciones de otras personas.

• • •

¿Alguna vez te ha pasado que te han preguntado por qué estabas de mal humor cuando, de hecho, estabas muy feliz? ¿Has quedado mal parado en una entrevista de trabajo porque te presentaste como un sujeto agresivo o nervioso? ¿Has tenido discusiones fuertes porque no supiste controlar tu lenguaje corporal? Bueno, en esta sección revisaremos unos tips rápidos y útiles que puedes aplicar en cualquier situación. Aprenderemos a proyectarnos de una manera positiva, sencilla y directa.

- **Controla el tono de tu voz**. A nadie le gusta que le griten, ni tampoco es agradable no poder escuchar lo que el otro dice. Es importante que sepas modular el tono y cadencia de tu voz. Es decir, aprende a identificar cuándo es el momento para hablar fuerte y cuándo para hablar bajo. Además. No te apresures demasiado ni tampoco arrastres las palabras. Tanto tono como cadencia o velocidad pueden causar diferentes reacciones en tus interlocutores. Procura siempre leer la situación y juzga cuál es la mejor manera de expresar tus ideas. No se trata de qué digas, sino cómo lo digas.

- **Mantén un buen contacto visual.** Esta parte es muy importante en el lenguaje corporal. Cuando ves a alguien a los ojos, demuestras el respeto, atención o consideración que tienes por él o ella. Trata de ver a los ojos a las persona s siempre que puedas. Si no te acostumbras a hacerlo, puedes empezar por ver el entrecejo o la frente. Esto te ayudará a irte acostumbrando a ver a las personas de frente. Si evitaras verlas, podrías mandar un mensaje equivocado.
- **Practica un buen apretón de manos.** Los apretones de mano dicen mucho de nosotros. Un apretón fuerte y firme comunica liderazgo, seguridad y confianza. En cambio, un apretón demasiado débil o muy exagerado podría percibirse equivocadamente. Ser agresivo y jalar a la persona hacia ti cuando das el apretón podría ser percibido como una señal de control. Caso contrario, si tu apretón es muy flojo, parecerá que te sientes inseguro o que no sabes lo que haces.

- **Mejora tu postura y párate derecho.**
  Una buena postura no sólo es buena para el cuello y la espalda, sino que también te ayuda a sentirte y verte mejor. Trata de echar los hombros para atrás y tener la espalda recta. Esta postura te ayudará a verte seguro, confiado y carismático. Las personas que se paran y caminan derechas proyectan una calidez y apertura indescriptible.

- **Practica un andar seguro y confiado.**
  Imagina que tienes que llegar al otro lado de un cuarto. Como la búsqueda del tesoro, ese sitio es tu destino. ¿Cómo caminas cuando buscas algo? ¿Caminas distraído o caminas con determinación? Nuestra caminata puede revelar mucho de nosotros, aunque no nos demos cuenta. Practica caminar con determinación y dirección, cual si una flecha recta trazara tus pasos al

andar. Evita en lo posible caminar sin propósito ni motivo si la situación no lo amerita.

- **No te juguetees la cara, el cabello o la ropa.** Estos comportamientos podrían ser percibidos por inseguridad, fastidio o desinterés. Además, evidencian los nervios o ansiedad y pueden llegar a ser desesperantes o molestos para otras personas. Intenta estar consciente de lo que haces con tus manos y contrólalo. Intenta relajarte si es que te da ganas de agarrarte la cara o de jugar con tu cabello. Respira hondo y ocupa tus manos y mente en otra cosa. Quizá simplemente te sientes inquieto por una presentación o porque estás esperando algo. Podrías probar dirigir esa ansiedad hacia otro comportamiento. Toma un vaso con agua, camina un poco o ponte a escribir.

- **Mantén los brazos abiertos.** En general, ten una postura que invite a la conversación. Si cruzas los brazos, das la espalda o volteas el cuerpo, podrías dar la impresión de que no estás interesado en la conversación. Al contrario, trata de ver de frente a la persona que te habla. Busca que tu cuerpo se dirija hacia el suyo y pon los brazos en tu regazo o a tus lados.

- **Respeta el espacio personal de las demás personas.** Este atributo del lenguaje corporal se refiere a en dónde te paras o sientas. El espacio vital o personal es el espacio que tiene cada persona para moverse, respirar y, en general, ser. ¿No te ha parecido extraño que una persona desconocida se te acerque demasiado? ¿No es raro cuando alguien te toca de repente? Bueno, esto es lo que tratamos de evitar.

Si interactúas con un o una desconocida, cuida muchísimo el espacio que dejas entre tú y él o ella. Ten respeto y considera que cada persona quiere que su espacio permanezca intacto. Si la persona es, en cambio, un familiar o amigo con quien tengas más confianza, entonces puedes tener más libertad en el movimiento. La regla de oro es la siguiente: nunca asumas nada. Ya sea familiar, amigo o desconocido, analiza la situación antes de actuar.

- **No temas usar un espejo.** El espejo es tu mejor amigo. Todo lo anterior puedes practicarlo frente a él.

Usar el lenguaje corporal a nuestro favor para presentarnos en público

Este elemento del lenguaje corporal siempre viene muy útil. Hablar en público es una situación que a cualquiera puede poner nervioso o nerviosa. No importa si es un escenario con un público de mil personas o de cinco asistentes: la visión es la misma.

• • •

Pararnos frente a alguien más y hablar nos pone en un espacio muy vulnerable, entonces es de esperarse que estemos ansiosos por hacerlo.

Ahora bien, estar ansioso no puede desaparecerse de un día a otro, pero sí puede disimularse y es lo que revisaremos en este apartado.

No sólo es importante disimular los nervios, sino también estar pendiente de nuestra audiencia. Si logramos un equilibrio entre ambas acciones, seguro seremos oradores brillantes.

- Si tu discurso, presentación o exposición es en un escenario con sillas, entonces practica cómo vas a sentarte. Recuerda sentarte erguido, con la cabeza en alto y con los hombros para atrás. No abras las piernas hacia el público ni des la espalda. En cambio, cierra las piernas y dirígelas hacia los lados. No apoyes la cabeza en tus manos y procura no encorvarte. Si te cansas mucho, puedes pegarte al respaldo con la espalda recta y permitir que te sostenga un rato. No juguetees con las manos; puedes tenerlas apoyadas en los descansabrazos si no sabes dónde ponerlas.

Si tu presentación es sin sillas y tienes que estar parado, es un poco más complicado, pero no imposible. Las mismas reglas que revisamos hace un momento aplican para esto. Párate derecho. No metas las manos en los bolsillos. Puedes tenerlas entrelazadas detrás de la espalda o frente a ti; cualquier movimiento te hará parecer una persona en control y confiada.

- Para asegurarte de que tu mensaje sea emitido con eficiencia, utiliza los gestos y ademanes corporales. ¿Qué son? Es lo que hacemos con las manos cuando nos expresamos verbalmente. Por ejemplo, cuando quieres indicar que te sientes sorprendido, pones tus manos en tus cachetes, ¿cierto? O cuando quieres indicar que viste un objeto muy grande, utilizas tus manos para figurar dicho objeto. Bueno, eso son los ademanes. Ellos nos ayudan a acentuar lo que decimos, a darle énfasis a las palabras que queremos que se noten más. Practica frente a un espejo tus ademanes. Piensa en algo que quieras decir y ve qué ademanes podrían pegar con eso.

Eso sí, esto no es un concurso de declamación poética (a menos que sí lo sea). Si exageras demasiado tus gestos, podrías distraer al público de lo que estás diciendo.

Qué tan notorios o no notorios sean tus ademanes dependerá de la naturaleza del discurso.

- Por último, observa cómo reacciona tu público a las palabras. Si ves que están perdiendo el interés en lo que dices, puedes probar algunas técnicas para recuperar su atención. Si estás sentado, reclínate hacia adelante y habla con voz pausada y enfática. Si estás parado, detente de pronto o quédate parado un momento.

Acompaña este movimiento con una voz segura y fuerte. Esto le ayudará a tu público a prestarte atención.

Momentos particulares

Los momentos particulares son aquellos que requieren de un lenguaje corporal más especial y específico. Me refiero a las citas, negociaciones, entrevistas laborales o discusiones, por ejemplo. Estas experiencias pueden poner tenso a cualquiera. Esa tensión podría reflejarse en el lenguaje corporal. Saber cómo actuar te servirá para relajarte un poco y tener control de la situación.

- Intenta copiar lo que la otra persona hace. No se trata de que imites paso por paso lo que la otra persona hace. Lo que digo es que busques la manera de entrar en sintonía con ella. Si tu compañero de conversación se sienta, siéntate tu también. Si se para, puedes pararte. La idea es que ambos sientan que se comunican en la misma línea.

- ¡Relájate! Respira un poco, lávate las manos o toma agua. Deja tu celular, escribe un poco, ojea una revista. No sobrepienses ni analices la situación más de lo que sea pertinente. Ya estás allí y no puedes hacer nada para huir. No importa el resultado, saldrás adelante con lo que tengas a la mano. Además, recuerda que estar nervioso puede manifestarse en comportamientos incómodos como tocarse la cara, juguetear con los pies y con el cabello. Esto sí puede dar una mala impresión, entonces cuida no hacerlo.

Una breve reflexión final

Recuerda no pensarlo demasiado. Como ya vimos en capítulos anteriores, pensar demasiado las cosas puede ser bueno a veces, pero no en la mayoría de las ocasiones. Si te concentras mucho en cada movimiento que haces, perderás la concentración de la conversación. Eso puede resultar contraproducente para ti y para tus cometidos.

. . .

Por último, recuerda practicar frente a un espejo o con amigos si te cuesta mucho trabajo comunicarte corporalmente. Haz preguntas a alguien más y dile "¿Qué crees que comunico con esto?", "¿Se entiende que quiero proyectar seguridad y confianza?", "¿Crees que esta postura es agresiva?", "¿Crees que mi apretón de manos es adecuado?", y así sucesivamente. Saber leer y usar el lenguaje corporal a tu favor es una gran herramienta para las habilidades sociales.

5

El carisma: Una cualidad que cualquiera desea, pero casi nadie tiene. ¿Cómo empezar a ser carismático?

EL CARISMA ES una cualidad que muchas personas desean tener. Se cree equivocadamente que o naces siendo carismático o nunca lo serás. Esta creencia es falsa. Como todo, también se puede aprender.

El carisma es una aptitud de las personas que las hace sentir y parecer como si estuvieran revestidas de un manto de oro. Una persona carismática es aquella que te hace sentir bien, que te hace sonreír, que la ves y tu día automáticamente mejora. El carisma es como un secreto muy bien guardado, pues todos sabemos cómo identificar a alguien que posea esta cualidad, pero muy poca gente sabe cómo tenerla realmente. Pero ¿qué es el carisma, en concreto? El carisma puede ser muchas cosas.

Por un lado, es la habilidad que tienen ciertas personas para crear y mantener buenas relaciones con los demás. También puede ser el talento para hacer sentir especial a otros y otras. Podría manifestarse, asimismo, como la seguridad que caracteriza a una persona que no teme a nada.

Como verás, el carisma es muchas cosas. No podemos decir de una vez por todas qué es porque eso sería limitarlo. El carisma tiene muchas formas de manifestarse. Cada persona es diferente, y todos podemos expresarlo de una manera única. Quizá lo que une a todos los colores del carisma es que las personas carismáticas tienen la cabeza más concentrada en los demás y no tanto en sí mismas. No piensan tanto en cómo destacar, en hablar más que otros, en ser los primeros en llegar. Ellas se asegurarán de que todos se sientan bien en su presencia.

. . .

Entonces, ¿cómo identificar a una persona carismática? Las personas carismáticas son aquellas que son seguras de sí mismas, son auténticas y confiadas. Quien las conoce las admira, aunque no sepa muy bien por qué. Es una persona no necesariamente con muchos amigos, pero sí con una excelente habilidad para relacionarse con los demás.

Las personas carismáticas tienen una personalidad muy atrayente y magnética; quienes las conocemos queremos estar siempre junto a ellas. Además, son gente respetuosa, tolerante, líder y con excelentes habilidades sociales.

¿Conoces a alguna persona carismática? ¿Cómo les va en la vida personal? ¿Y en el trabajo? ¿Quizá en alguna actividad académica? Estas personas tienen mayor probabilidad de tener éxito en la vida en todas las áreas posibles. Esto no porque tengan mucha sabiduría o sean mejor que todos en todos los aspectos. Es precisamente por lo que decíamos en la introducción del libro. La habilidad que estas personas tienen para conectar con otros les permite moverse de manera efectiva y segura por sus relaciones interpersonales. El carisma es tan magnético y cálido, que procuramos tenerlo cerca. Por eso es más propensa una persona carismática a conseguir un trabajo, un ascenso, a caer mejor en una fiesta o a hacer amigos más fácilmente.

Y bien, ¿esta es una cualidad que todos podemos adquirir? Ciertamente. Lo único que hay que tomar en cuenta antes de comenzar este proceso es, como ya sabemos, saber en dónde estás parado. ¿Eres o no carismático? Veamos un poco más sobre esta cualidad para aprender más de ella.

Los primeros pasos para ser una persona carismática

Antes de comenzar a ver todos los rasgos que caracterizan a una persona carismática, veamos de manera somera y sencilla qué actitudes y comportamientos debes evitar si no quieres ser mal visto. Una mala respuesta o palabra, un gesto inadecuado o impertinente: cualquier cosa podría hacer que los demás cambien su idea sobre ti si no te cuidas de estos comportamientos.

- No digas malas palabras si no es necesario. Claro, a veces las malas palabras son buenas para sacar nuestra frustración o enojo ante ciertas situaciones. Sin embargo, decir groserías en cualquier espacio y tiempo podría llegar a ser muy desagradable para los demás.

Imagínate que estás en una conferencia o en un desayuno en familia, ¡y de repente se te sale una mala palabra! Eso sería muy desafortunado, ¿no crees?

- No chismees sobre los demás. A nadie le gusta un soplón o una persona que está muy pendiente de la vida de otros. A todos nos gusta chismear y enterarnos de los acontecimientos más escandalosos, pero no vivimos de eso. Es muy agotador estar en una conversación con alguien cuyo único tema de plática es la vida de otras personas. Podrías quedar parado con una reputación de chismoso.

- No te quejes de todo. No le mires el lado negativo a todo. Así como lo positivo se contagia, lo negativo también. Procura guardarte tus malos comentarios, pues podrían arruinarle el día a alguien.

- Ten cuidado de ofender a alguien. Me refiero a ofender a las personas con las que no estás de acuerdo. No puedes controlar las reacciones de tus compañeros o compañeras, pero sí puedes vigilar lo que dices para evitar caer en algún comentario ofensivo, sucio o innecesario.

- No seas arrogante ni te sientas superior a los demás. A nadie le gusta tratar con un petulante a quien sólo le quedar bien él mientras los demás la pasan mal. Cada persona es única a su manera, y todos tenemos algo que aportar.

- Arriésgate un poco más y vive aventuras. No seas tan predecible. No planees cada minuto de cada día. Si necesitas organizarte, hazlo. Pero si puedes permitirte uno o dos días libres, ¡hazlo! No temas dejar de lado un rato la rutina; el mundo no se acabará si lo haces. Las personas espontáneas son divertidas e impredecibles. Esta es una característica propia de la gente carismática.

- Se consciente de tus emociones y trata a los demás como quieras que te traten a ti. Es muy difícil restablecer tu imagen personal si pierdes el control en una situación complicada.
- Las personas carismáticas procuran hacer que todos se sientan incluidos, bienvenidos y cómodos. No opaques la atención ni las conversaciones. Invita a que los demás también se sientan parte de lo que estés haciendo. ¡Comparte el reflector! Y si no hay uno, entonces haz que todos se sientan cómodos. No es tu responsabilidad estar al tanto de todos, pero puedes estar pendiente

de la dinámica del grupo o de la charla y fijarte si hay alguien dejado de lado.

El poder de la presencia

¿Alguna vez te ha pasado que estás en un lugar, pero realmente no estás allí? ¿Tu mente está volando por todos lados en vez de estar enfocada en la conversación? ¿Prestas más atención a las notificaciones de las redes sociales que a las preguntas que te hacen? O pensemos en el caso opuesto, ¿has experimentado esto de parte de otra persona? Puede llegar a ser muy incómodo y desconcertante hablar con una persona que no te sigue el hilo de lo que dices. Pues bien, las personas carismáticas no tienen este problema.

El carisma se identifica con el poder de la presencia. ¿Qué es esto? Cuando una persona tiene los pies puestos sobre la tierra, podemos decir que está presente. La presencia significa tener la mente en donde se supone que debe de estar. Por ejemplo, si estás en una clase, pero no estás prestando atención, no podríamos decir que estás presente en ella. No basta estar cumpliendo con el acto de presencia corporal, sino que también debe ser mental. Las personas carismáticas procuran siempre estar presente. No están revisando su celular, ni ven constantemente la puerta por la cual podrían irse, ni tampoco están volteando a ver a otros lugares que no sea el objeto o persona que merece su atención.

¿Cuál es el poder de la presencia, en relación con el carisma? Estar presente transmite un mensaje de atención y respeto. A las personas les gusta que las escuchen, y no hay nada mejor para ello que estar presentes con ellas. Si estuvieras en medio de un diálogo y desviaras tu mirada o te pararas a cada rato de tu silla, te aseguro que tu interlocutor se sentiría ignorado o menospreciado.

Esto es lo que queremos evitar. Asegúrate de siempre tener los pies y cabeza en la tierra. Aterriza tu atención cuando sientas que se va volando por la ventana. Estar presente te permitirá afianzar vínculos más fuertes e íntimos con ciertas personas.

Sé auténtico, sé tú mismo

Las personas carismáticas tienen un aura dorada que las rodea. Nadie puede verla, pero todos podemos sentirla. Esta aura se alimenta, en gran parte, por lo genuino de las personalidades de estas personas. Este es un rasgo especial del carisma: quienes son carismáticos, son genuinos en todo lo que hacen. No mienten para agradar a alguien, no fingen que son algo que no son, no se preocupan en agradar. Claro, ha habido muchas personas que han sido carismáticas y no genuinas, pues han usado ese carisma para engañar y manipulas a otros. Sin embargo, espero que ese no sea nuestro caso.

Para demostrar tu personalidad auténticamente, tienes que, primero, soltarte un poco de los prejuicios y las inseguridades. No temas de ser todo lo que eres, pues vas a estar bien. No pasa nada si al principio te sientes nervioso de mostrarte sin velos o máscaras, esto es normal. La idea de este rasgo del carisma es que las personas pueden percibir esta autenticidad a metros de distancia. Esta energía dorada atrae muchas cosas buenas. Por ejemplo, las personas podrían sentirse más en confianza contigo debido a tu capacidad de ser quien eres y de expresar lo que piensas.

Una vez que te hayas desprendido de tus miedos de ser auténtico, lleva esto hacia las demás personas. Cuando digo que hay que ser auténtico, no me refiero a sólo ser auténtico para ti mismo. Es importante saber valorar lo que hacen las demás personas. ¿Cómo lo hacemos? Mostrando un verdadero interés por lo que hacen. No se trata de que estés detrás de todo el mundo; no tienes que interesarte por cosas que no te parezcan relevantes. Lo que tienes que hacer es que, cuando de verdad te interese algo, entonces haz todo lo posible por mostrar esa autenticidad en la expresión. Haz preguntas, escucha, y haz comentarios. A las personas les gusta ver este interés tan genuino y sincero, así que, ¡disfruta!

Si no te sientes muy atraído hacia ciertas personas, objetos o eventos, entonces siempre recurre al camino del declinar con mucho respeto y consideración.

Un truco que me ha servido para ser auténtico, tanto conmigo mismo como con los demás, es recordar lo diferente que son nuestras vidas. Nunca olvido que cada quien a recorrido su propio camino y cada uno ha tenido sus oportunidades de fracasar o lograr. Si tienes esto en mente, sabrás que cada persona merece su oportunidad para hacerse notar o para mostrar de lo que está hecha. Esto es algo que merece interés genuino, auténtico y sincero. ¡Abre los ojos y pon atención! Podrías llevarte una buena sorpresa.

Aprende a escuchar a los demás

Este atributo del carisma es muy similar al de la presencia. Así como es importante estar presente, atento y concentrado en tus acompañantes, también es relevante que los escuches.

Imagínate que estás en un diálogo con alguien. Esa persona te hace una pregunta, pero tú no puedes responderla porque no estabas prestando atención. Esto no es agradable, pues te da la reputación de ser una persona que no escucha ni tiene consideración por los demás. Si estás es una conversación y sientes que tu atención se desvía, puedes tener un movimiento de seguridad o de recordatorio que te haga estar presente de nuevo. Podrías chasquear los dedos o moverte en tu asiento para renovar la atención.

Procura hacer sentir especial a la gente: la importancia del nombre y de reconocer los méritos ajenos

Las personas carismáticas hacen a los demás sentir bien. Esto pueden lograrlo de diversas maneras, como brindar su oído y atención, pero una forma de hacer sentir especiales a los demás es reconociéndoles. ¿Qué significa este reconocimiento?

Hay dos maneras de hacerlo: primero, reconocer la individualidad de una persona; segundo, reconocer los méritos ajenos.

Llamar a una persona por su nombre tiene un efecto muy poderoso en las relaciones interpersonales. Recordar el nombre de alguien es una acción muy poderosa en el ámbito social porque significa que te has tomado el tiempo de pensar en la individualidad de cada persona. Imagina que conoces a alguien y le dices tu nombre una sola vez. Después te encuentras a esa misma persona una semana después y te dice "¡Hey! ¿Cómo estás, X?". Oír nuestros nombres nos da una sensación de bienestar y seguridad. Además, nos significa que la persona que nos ha llamado tiene el cuidado y respeto de reconocernos por quienes somos. Nos hace sentir especiales ver que alguien más nos considera importantes, pues lo somos.

. . .

Por otro lado, las personas carismáticas son muy buenas haciendo destacar a los demás. No tratan ellas de ser el centro de atención, ni tampoco quieren que sus méritos sean reconocidos por todos. Ellas prefieren que las demás personas brillen, y hacen todo lo posible porque eso suceda. Por eso los buenos líderes suelen ser personas carismáticas. Un buen trabajo en equipo es aquel en el que todos nos sentimos importantes, útiles y necesarios. Nuestras aportaciones son reconocidas y valoradas. Sería el caso opuesto si una sola persona quisiera llevarse todo el crédito.

Si quieres ser carismático, recuerda estos dos reconocimientos: apréndete el nombre de las personas y reconoce los méritos ajenos. Recuerda que no se trata de forzar esta actitud ni ser falso. El interés genuino por los demás debe ser sincero y honesto. Cada persona es única a su manera, y merecen ser valoradas por ello.

Confía en ti mismo

La confianza y el carisma van de la mano. Nunca verás a una persona carismática temblando de nervios o sudando por la inseguridad. Sí se pueden poner en esas situaciones, pues son seres humanos y tienen sentimientos. Sin embargo, hacen algo para controlarlos y no permiten que decidan el curso de su vida.

Si tu caso es aquel en el que tus debilidades te controlan, entonces podrías decir que no tienes mucha confianza en ti mismo.

Confiar en uno mismo es clave para el carisma por la siguiente razón. Si las personas te ven caminando erguido, con un buen apretón de manos y te oyen con una voz firme y diligente, entonces te tratarán de tal manera. Tú proyectas cómo quieres ser tratado, así que asegúrate de verte confiable y presentable. Las personas carismáticas están seguras de lo que hacen y no lo consultan con nadie. No necesitan la aprobación de otros para ir detrás de lo que quieren hacer. Esto es una prueba de la confianza que tienen en ellas mismas.

Potencial comunicativo

Saber decir lo que pensamos de una manera asertiva, directa y cautivadora es clave si queremos ser carismáticos. Las personas con altos niveles de carisma no titubean di dudan antes de hablar. Tratan de comunicar sus ideas directamente, con fuerza y seguridad.

. . .

¿Cómo puedes lograr esto? Es normal esperar un poco antes de hablar. Incluso es cortés hacerlo. Sin embargo, si ya sabes con seguridad qué es lo que vas a decir, vale la pena que lo hagas con firmeza y entereza. No tengas pena ni pienses demasiado en qué pensarán los demás. Claro, no hagas esto si tu objetivo es ofender a alguien.

Si vas a exponer tus ideas, aportar una opinión o hacer una pregunta, procura hacerlo con la frente en alto. Aclara el mensaje en tu cabeza y no caigas en ambigüedades.

Mantén la mente abierta para ayudar a otras personas

Las personas carismáticas siempre tienen los ojos abiertos hacia las necesidades de los demás. Si ven a un amigo o amiga pasándola mal, se preguntarán cómo pueden ayudarle. Ya sea algunas palabras de apoyo, un abrazo o ayuda de cualquier otro tipo, procuran estar presentes en donde se les necesite.

El carisma se identifica en las personas que son

enérgicas y participativas. Por eso no es raro ver que ellas estén presentes para sus amigos, para extraños o incluso para causas sociales. Independientemente del entorno, ellas hacen que sus acciones se dirijan empáticamente hacia los otros.

¿Cómo puedes saber lo que otros necesitan? Puedes lograrlo leyendo el lenguaje corporal o escuchando con atención. Tendrás que poner en práctica los conocimientos adquiridos hasta ahora en lo que se refiere a las habilidades sociales. Pero no te preocupes, la buena noticia es que esto no es muy difícil. Sólo tienes que sacar tu lado solidario y ser comprensivo. Puedes brindar algunas palabras de apoyo o consejos útiles cuando alguien más lo considere adecuado y necesario.

Para cerrar esta exposición sobre el carisma, diremos algunas palabras finales.

Recuerda que el carisma no es una cualidad natural, lo cual significa que puede ser aprendida. Para desbordar carisma no necesitas romperte la cabeza pensando en cada interacción social. Sólo tienes que relajarte y poner en práctica poco a poco algunos de los consejos que revisamos en este capítulo. La clave para ser carismático es cómo haces sentir a los demás. ¡Ten eso en mente! Sé bueno escuchando, preséntate, y piensa en cómo ayudar a los demás. La energía de las personas carismáticas es automáticamente positiva debido a que irradian empatía, solidaridad, interés y confianza. Puede que ahora no te sientas así, pero puedes empezar a trabajar en aquellos rasgos de ti que quieres cambiar para acercarte a tu meta de ser un individuo cautivador.

6

Asertividad o saber decir que no. ¿Cómo equilibrar los deseos propios con los deseos ajenos?

La asertividad es una cualidad que no todas las personas tienen. Sin embargo, se considera una habilidad social importante porque gracias ella las personas pueden tener una comunicación armoniosa y respetuosa. ¿Crees ser asertivo? ¿Conoces a una persona así? Pero, antes que nada, ¿sabes qué es la asertividad?

Las personas asertivas son aquellas que saben decir lo que piensan sin ofender a nadie. Son claras, directas y concisas. Son personas que se comunican efectivamente sin necesidad de gritar, ser agresivas, interrumpir a otros o menospreciar las opiniones ajenas. La asertividad, entonces, es la cualidad de saber hablar de manera tolerante y respetuosa. Una persona que sea asertiva siempre buscará que todas las opiniones sean valoradas por igual. No intentará imponerte su punto de vista ni te criticará por tus creencias. No dudará ni titubeará antes de hablar ni dará rodeos para expresar lo que verdaderamente siente.

Esta es una cualidad muy rara de ver en las personas, por lo que también es valorada en quienes la tienen. ¿Por qué pasa esto? Muchos de nosotros estamos acostumbrados a un entorno en el que las personas que dicen lo que piensan son mal vistas. Si alzamos la voz para preguntar o decir lo que sentimos, corremos el riesgo de ser señalados. Por eso, a veces dudamos y tenemos miedo de que se nos critique por decir lo que queremos y sabemos. Creemos que decir "quiero esto" o "no quiero esto" pueda ser tomado por agresividad o petulancia. Sin embargo, la realidad es diferente. No tiene nada de malo decir lo que se piensa, decir que no o decir que sí

Dificultades para desarrollar la asertividad

Un obstáculo para desarrollar la capacidad de ser asertivo es, claro, nosotros mismos. La autoestima y confianza en nosotros juega un papel clave en la obtención de la asertividad. Por ejemplo, hay personas que son muy inseguras y pasivas en su vida.

No alzan la voz para hacer presentes sus sentimientos y dejan que la vida les pase de largo. Esto, en la mayoría de los casos, sucede porque tienen miedo de dejar mal a los demás o de ser percibidas como engreídas. Y no sólo esto. Las personas son pasivas, también, porque quieren ser aceptadas por los demás. Como queremos ser aceptados y pertenecer a un grupo, tenemos miedo de discrepar de los miembros de dicho grupo, por lo que reducimos en lo posible las oportunidades para crear un debate o discusión. Quienes aceptan pasivamente todo lo que les dicen y tienen miedo de alzar la voz son personas que consideran que los pensamientos y sentimientos de los demás son más importantes que los suyos. Rara vez se ponen a ellas mismas como la prioridad y desprecian lo que desean.

El riesgo de adoptar este tipo de actitudes calladas y complacientes es que podemos terminar haciendo cosas con las que no estamos de acuerdo.

Además de dejar que otras personas tomen decisiones por nosotros, si somos pasivos e inseguros, corremos el riesgo de no aprender a tomar responsabilidad por nuestros actos. Si no podemos decidir, alzar la voz o reclamar lo que queremos, mucho menos podremos ser responsables de lo que hacemos, ni de nuestras fallas ni de nuestros éxitos. Esta incapacidad para tomar las riendas de nuestra vida podría devenir en una actitud resentida, por ejemplo. Imagínate que tú quieres un puesto de trabajo, pero te da demasiado miedo pedirlo. Debido a que no alzaste la voz, alguien más dijo por ti que no eras capaz para el puesto, y terminaste fuera de la competencia por la oportunidad laboral. Esta no es una situación agradable, y podría dejarte un muy mal sabor de boca. Pero esto sucede cuando no tenemos buenas habilidades de comunicación asertiva.

Y si ya nos quedamos con un mal sabor de boca porque otras personas toman decisiones por nosotros, corremos el riesgo de replicar esa mala actitud hacia otras personas. Es como si nos amargáramos porque no podemos estar en control sobre cosas que se suponen que son de nuestra incumbencia. Esta actitud de frustración y desagrado podría ser percibida por los demás, lo cual nos dejaría un poco mal parados frente a otros.

Otro obstáculo para desarrollar la asertividad son las actitudes agresivas. Digamos que empiezas siendo una persona con baja autoestima, poca seguridad y poca confianza. Eres pasivo y dejas que las personas tomen decisiones por ti. No sabes decir lo que piensas, no sabes reclamar lo que quieres, ni puedes decir cómo te sientes con respecto a un tema. Una vez dentro de esa espiral, podríamos caer en estas actitudes agresivas que comento.

Hay muchos tipos de actitudes o conductas agresivas. Caemos en ellas por dos razones.: primero, como una manera de desahogar la frustración que sentimos para comunicar lo que sentimos; segundo, porque simplemente no sabemos cómo hablar con la gente. Por ejemplo, una persona que no es asertiva, pero sí agresiva, podría terminar gritándole a alguien más en vez de pedirle algo con amabilidad. Tomemos un caso para ilustrar esto.

Cuando yo era más joven, recuerdo que era muy inseguro y no sabia hablar con los demás. Esto me frustraba y estresaba. Yo tenía muchas ideas y cosas que quería compartir con mi grupo de amigos y mi grupo del trabajo, pero no tenia la capacidad de hacerlo. Debido a ello, terminé estando enojado con el mundo y culpando a los demás porque sentía que no me entendían. No me daba cuenta de que yo no era asertivo y no sabía cómo expresarme. Pues resulta que un día tuve que pedirle a un amigo de la oficina que hiciera un reporte por mí, pues yo no podía hacerlo en ese momento. Como no sabía cómo encargarle un trabajo que era mi responsabilidad, terminé cayendo a la defensiva y fui grosero con él. Le di órdenes en vez de preguntarle si podía ayudarme, no tomé en cuenta sus sentimientos y terminé imponiéndome. Esto no es nada asertivo. Si yo hubiera tenido esta cualidad, primero habría identificado lo que quería decir, y todo hubiera procedido con más calma y respeto.

Ahora, enlistaremos otras razones por las cuales las personas no suelen ser asertivas:

- **Jerarquía social**. Nuestra sociedad puede llegar a estar muy definida en cuanto a los roles que cada persona debe cumplir. Por ejemplo, es común esperar que los hombres sean asertivos, pues eso reafirma su masculinidad. En cambio, podemos ver mal a las mujeres que sean así porque nuestras expectativas de ellas es que sean más complacientes. Sucede lo mismo con las jerarquías laborales, por ejemplo. Es normal también esperar de una persona con autoridad cierto grado de asertividad, mientras que no lo hacemos de quienes tienen puestos menores.

- **El peso del pasado y la experiencia**. Esto se relaciona con las respuestas condicionadas que tenemos hacia ciertos sucesos. Por ejemplo, hay personas que imitan los comportamientos que han visto a lo largo de sus vidas. También hay gente que tiene ciertas respuestas pre-elaboradas inconscientemente para ciertas situaciones. Por eso hay gente que tiene un menor grado de asertividad y uno mayor de agresividad o pasividad.

- **Incapacidad para disminuir los niveles de estrés**. Cuando no puedes controlar el estrés, tienes el riesgo de descargar esas emociones sobre alguien más. Las personas que se estresan mucho tienen el sentimiento de que no controlan su alrededor. Este sentir deviene en frustración, agresividad y ansiedad.

- **¿Es parte de su personalidad?** Hay personas que simplemente son agresivas, pasivas o asertivas. ¿No? No. Esto es una creencia equivocada. Es cierto que estamos, hasta cierto grado, determinados por nuestros genes y nuestro ambiente. Sin embargo, el peso del entorno que nos rodea y nuestra capacidad de decisión es mayor a cualquier tipo de restricción. La base de este libro es que cualquier persona puede cambiar su forma de ser si así lo desea, y lo mismo aplica para la asertividad. Si una persona es agresiva, pasiva o asertiva, podemos asumir que es porque ha hecho algo para estar allí.

¿Por qué ser asertivo?

La asertividad es una buena cualidad para tener en nuestro as bajo la manda de habilidades sociales. ¿Por qué? Porque gracias a ella podemos comunicarnos de manera efectiva, respetuosa y sensible con los demás. No se trata de que controlemos lo que los demás dicen, pero sí de cómo reaccionamos hacia nuestro entorno y hacia nosotros mismos. Ser asertivo implica tener un contacto con nuestro yo interior, con nuestros deseos, fortalezas, capacidades y debilidades. Además, implica tener una conciencia por la situación de cada individuo con el que entramos en contacto.

Si no somos asertivos, podemos caer en los dos extremos que se describieron anteriormente. Podemos ser, por un lado, demasiado pasivos ante la vida. Dejaríamos que las decisiones se tomaran por nosotros y no sabríamos cómo pedir lo que queremos. O, mejor dicho, sí sabríamos cómo pedir lo que queremos, pero no tendríamos las agallas para hacerlo. Por otro lado, si fuéramos agresivos, correríamos el riesgo de dañar nuestras relaciones interpersonales con quienes nos rodean. De una forma u otra, la asertividad se trata de comunicación. Cuando la comunicación está viciada, interrumpida, o es ineficaz, los problemas empiezas.

Piensa, por ejemplo, en estos dos casos. Piensa, primero, en una persona asertiva, y luego piensa en otra no asertiva. ¿Cómo te hizo sentir la persona asertiva? ¿Cómo te trató? ¿Te dijo lo que sentía? ¿Lo hizo con claridad? ¿Pudiste identificar sus deseos? ¿Te sentiste escuchado? Ahora piensa en la persona no asertiva o agresiva, ¿Cómo se dirigió hacia ti? ¿Te habló con respeto? ¿Tomó en cuenta tus sentimientos? ¿Sentiste que hubo igualdad en ambas partes en cuanto a la comunicación?

Cuando nosotros no sabemos quiénes somos, cómo está nuestra autoestima, nuestra confianza o seguridad; cuando no identificamos nuestros sentimientos y tenemos miedo de pedir algo que deseamos, entonces corremos el riesgo de no expresarnos con asertividad. Al fin y al cabo, lo que marca la diferencia entre ser asertivo o no es qué tanto estemos conectados con quienes somos.

No todo es malas noticias. Lo cierto es que nuestras respuestas, sean asertivas o agresivas, dependen mucho de la situación o contexto en el que estemos. Además, el acto comunicativo se lleva siempre a cabo entre dos personas. No puedes hablar con la pared, pues ella no te contestará. Por eso, para poder expresar tus actitudes, necesitas a alguien que esté allí para escucharte y responderte. A lo que quiero llegar, es que qué tan asertivo seas o no tiene que ver con las personas con las que interactúas.

Por ejemplo, tal vez es muy fácil para ti expresarte con una persona que tenga un puesto de menor jerarquía que tú; puede que te sientas más cómodo rodeándote de familiares, por lo que con ellos sí tienes la seguridad de demostrar tus sentimientos. En cambio, qué diferente es que tengas que hablar con una figura de autoridad, con un interés amoroso, con una persona con la que has tenido conflictos o con un desconocido. Independientemente de con quién te encuentres, la asertividad se trabaja por igual.

Algunos beneficios de ser una persona asertiva:

- **Tendrás mayor confianza para tomar**

tus decisiones. Las personas asertivas tienden a identificar con mayor agilidad lo que quieren y lo que no quieren.

- **Tus relaciones interpersonales mejorarán.** La asertividad no sólo se trata de expresarte con claridad, sino también de tomar en cuenta los sentimientos de los demás. Quien es asertivo sabe que cada persona tiene un mundo dentro de su cabeza, por lo que sabe que es importante respetar la oportunidad que cada uno tiene para expresarse. Esto resultará en una mejora en tus relaciones interpersonales, pues a todos nos fusta sentirnos valorados y escuchados.

- **Respeto y liderazgo**. Las personas asertivas son consideradas líderes, o tienen gran potencial para liderar. Además, son respetadas por quienes las conocen. Ser asertivo es una cualidad muy rara, pero muy apreciada. Recuerda que los buenos líderes son personas que guían y orientan, no son personas que ordenan o mandonean. La asertividad siempre va de la mano con responsabilidad y respeto por la autonomía de los otros.

- **Mayor agilidad y destreza para la resolución de problemas**. Cuando eres asertivo, estás en contacto con tus emociones y deseos. También tienes respeto por los demás, como ya hemos visto. Las personas asertivas tienen mayor confianza para resolver problemas debido a su poder y decisión para alzar la voz. Además de ello, son buenas negociando, resolviendo conflictos y tomando la batuta en momentos difíciles. En general, aprender a ser asertivo te puede beneficiar en el sentido de enseñarte a ser una persona que sepa reconocer las causas, efectos y resoluciones de los problemas.

- **Reducir los niveles de estrés**. Mucho del estrés que las personas sufren hoy en día es causado por la inhabilidad que ellas tienen para tomar decisiones de manera oportuna. Además, el estrés se puede ver empeorado por la incapacidad de no saber comunicar los sentimientos de frustración. Tener desarrollado un buen nivel de asertividad te permitirá diferenciar los sentimientos útiles de los desechables, y tu salud emocional mejorará.

¿Cómo puedes desarrollar la asertividad?

Para ser asertivo, tienes que recordar estos derechos básicos.

- Todos tienen el derecho a pensar y expresarse libremente. Cada persona es única a su manera, por lo cual tienes que reconocer y respetar la diversidad.

- Todos tienen el derecho a decir que sí o que

no según lo deseen. No culpes ni recrimines a nadie por las decisiones que han tomado.
- Todos tienen el derecho a discrepar o estar en desacuerdo. Sin la variedad, oposición o diversidad, el mundo sería monótono e impráctico. Todos podemos tener opiniones diferentes sin ser perseguidos por ello. Recuerda que esta oposición es hacia las ideas, no hacia tu persona. Lo mismo aplica para ti: si estás en desacuerdo con alguien, concéntrate en las ideas, no en la persona.

- Todos tenemos derecho a cambiar de opinión todas las veces que lo creamos justo o necesario.

Para ser asertivo, debes tener en equilibrio lo que tú deseas decir con lo que las otras personas deseen decir. Nadie debe ni puede imperar sobre el otro. Si notas que esto sucede, pon un parado a la situación.

· · ·

A continuación, revisaremos algunos consejos útiles y prácticos que te ayudarán a desarrollar tu asertividad como habilidad de inteligencia social. Ten en cuenta los derechos que acabamos de mencionar, pues son los derechos de oro, los derechos inviolables si deseas ser una persona asertiva. En donde termina tu derecho, empiezan los del otro. Lo mismo con la asertividad: encuentra un equilibrio entre los deseos de las partes involucradas.

- **Buen lenguaje corporal**. Un cuerpo rígido, torpe, amenazante o agresivo no va de acuerdo con una persona asertiva. Procura mostrarte amable, abierto al diálogo y atento. Pon en práctica tus conocimientos sobre lenguaje corporal o no verbal. Evita desviar tu mirada de la conversación, no cruces los brazos o juguetees con tus manos. Este tipo de movimientos podrían mandar el mensaje equivocado. Por ejemplo, podrías decir con tu lenguaje no verbal que no estás interesado en la plática o que no valoras la opinión de otros. Si le voltearas los ojos a una persona mientras habla, o si le cruzaras los brazos y voltearas el cuerpo, ella podría entender que no te importa lo que dice o que no la valoras. Esta actitud no es asertiva.

Al mismo tiempo, cuida que tu lenguaje corporal al hablar sea fuerte y directo. La asertividad significa tener confianza y seguridad en lo que se dice.

Por tanto, tu cuerpo debe reflejar lo mismo. No te encorves, abre la boca y modula el tono de tu voz. No te precipites y hables muy rápido, ni te atrases y arrastres las palabras: encuentra un punto medio. Te recomiendo hacer contacto visual y esbozar una sonrisa amable si la situación lo amerita.

- **Toma en cuenta las opiniones de los demás**. Esto tiene que repetirse hasta el cansancio. Una persona con buena asertividad siempre tomará en cuenta las opiniones de los demás. No solamente eso. Tienes que ver cómo las personas se sienten con lo que tú dices. Si sientes que alguien está perdiendo el hilo de la conversación, intenta hacer algo para recuperar su atención. Por ejemplo, haz una pausa y lanza una pregunta que sea interesante y cautivadora. Quizá mantén una postura firme y, amablemente, repite lo último que dijiste. Por otro lado, si tu interlocutor se ve notablemente turbado por tus palabras, haz una pausa y pregunta si se siente cómodo o cómoda con lo que se está hablando. El respeto y tolerancia es clave.

- **Nunca dejes de practicar**. La asertividad es un ejercicio diario, pues todos los días entramos en contacto con el mundo exterior. Si no eras asertivo antes, quizás te cueste un poco de trabajo serlo ahora. Trata de practicar con un amigo o amiga de confianza todos los consejos que revisamos en esta sección. Pídele que escuche tu voz, que revise tu lenguaje corporal y que te diga qué comunicas a través de ellos. Escojan un tema de práctica y conversen. Noten cómo llevan la plática y evalúen qué tan asertivos o agresivos fueron.

¿Qué estrategias puedo utilizar para comportarme asertivamente?

Ahora veremos unas cuantas técnicas típicas de las personas asertivas. Te servirán para enfrentarte a distintas situaciones, y te enseñarán a actuar de manera asertiva.

- **Técnica de la repetición.** O técnica del disco rayado. ¿Has visto en las películas esas escenas en las que un personaje repite una línea muchas veces porque se está preparando para un momento difícil? Bueno, en eso consiste la técnica de la repetición. Tendrás que elegir una frase, de preferencia una que te cause actuar de cierta manera agresiva o exaltada, y repetirla varias veces hasta que logres decirla con un tono tranquilo y ameno. Veamos un ejemplo:

Persona 1: Esta es la tercera vez esta semana que dejas los platos sucios en la tarja. ¿Por qué no los lavas?

Persona 2: Lo siento, he estado ocupado y por eso he dejado allí los platos. Cuando me desocupe, me ocupo de limpiar todo.

Persona 1: Pero es que siempre haces lo mismo. Me preocupa que sólo me estés tomando el pelo.

Persona 2: Entiendo tu preocupación. Apenas termine, lo limpiaré. Procuraré estar más pendiente la próxima vez.

Persona 1: Por favor, que no se repita esto. No me gusta tener que estar recogiendo detrás de ti. Es importante para mí tener tiempo para descansar.

Persona 2: Gracias por decirme cómo te sientes. Ya no te preocupes por esto el día de hoy, yo lo arreglaré.

- **Técnica de la evaporación.** Esta técnica se trata de que evapores o desaparezcas la vibra negativa creada por comentarios agresivos. No podemos escoger o decidir cómo las personas se comportan con nosotros, pero sí podemos asumir nuestra responsabilidad y responder de manera positiva y asertiva ante la situación. Cuando alguien se acerque a ti con una actitud negativa y agresiva, evita enfrascarte en el conflicto. Busca una respuesta relajada y, lentamente, disipa la niebla creada en ese espacio.

¿Cómo aplicar esta técnica? Simplemente no te

enganches en la discusión. Si una persona se acerca enojada a ti, probablemente espera una respuesta igual de agresiva. No caigas en esto. No significa que ignores lo que se te dice, pues se te dice por algo. Lo que quiero enfatizar es que no desgastes la energía en discutir o pelear. No es bueno para nadie, ni bueno para la relación. Busca el equilibrio de la asertividad; no seas pasivo ni agresivo. Un ejemplo:

Persona 1: No me gustó para nada la manera en que pintaste la pared del cuarto. Quedó horrible. Yo pude haberlo hecho mejor.

Tú:

Respuesta agresiva: Si no te gusta cómo lo hago, entonces hazlo tú.

Respuesta pasiva: Tienes toda la razón. No sé hacer nada bien.

Respuesta asertiva: Entiendo lo que dices. ¿Quizá pudieras darme indicaciones de cómo puedo hacerlo mejor? Me parece que no está tan mal, pero puede mejorar.

- **Técnica de la comunicación práctica y positiva.** Ninguna persona es adivina, así que tienes que saber comunicar lo que sientes y piensas. En las interacciones y relaciones sociales, es de vital importancia que haya apertura en el trato, sobre todo porque no siempre tenemos la oportunidad de abrirnos con las demás personas.

Para esta técnica debes tener un buen contacto con tu yo interior. Tienes que identificar lo que quieres para poder exteriorizarlo. Es decir, localiza tus necesidades y tenlas bien claras. De esta manera, podrás llegar a acuerdos, concesiones y tratos con las personas con las que te relaciones.

Cuando comuniques lo que quieres o necesitas, tienes que ser realista.

A veces se puede hacer algo para ayudar, y otras veces no. No siempre se obtiene lo que se quiere. Así, si eres asertivo, podrás tener mayores probabilidades de que las personas te consideren a ti y lo que necesitas. Si eres agresivo, eres propenso a que la gente no quiera hablar contigo o prefiera no entablas ninguna conversación contigo.

Por último, ten siempre en mente que no todos van a reaccionar bien ante tu claridad para expresar lo que necesitas. Como hemos visto, hay personas que reaccionan mal a este tipo de seguridad. Esto no es tu culpa ni tu responsabilidad. Recuerda que sólo tú eres responsable de ti mismo Si a los demás no les gusta que seas asertivo, no te enfrasques en convencer a nadie de algo que no depende de ti.

- **Estrategia del buen oyente.** No me refiero a que escuches sin interrumpir, sino que escuches con perspectiva. Si alguien te critica, te da retroalimentación o dice algo sobre ti, no saltes a la primera oportunidad que tengas para responderle agresivamente. Mejor quédate callado y escucha queriendo entender a la otra persona. ¿Por qué te dice lo que dice? ¿Qué la ha hecho sentir así? ¿Por qué tiene esa idea de ti? Cuando termine de hablar, podrías hacerle ese tipo de preguntas.
- **Hablar en primera persona.** No empieces una conversación diciendo "tú" o atribuyendo la responsabilidad de algo a alguien. ¿Por qué? Primero que nada, porque nosotros somos el punto de partida de todo lo que sale de nosotros. Tú no puedes controlar lo que hacen los demás, pero sí lo que tú dices y piensas. Por tanto, si algo que alguien ha hecho te molesta, no es culpa de la otra persona, sino que eres tú quien tiene

que modificar sus comportamientos. Y bien, si empiezas una oración señalando a alguien más, puedes ser tomado por agresivo, prejuicioso. Esto no se tarta de echar culpas, sino de tomar acuerdos.

Es mejor que empieces oraciones y conversaciones hablando sobre ti y en primera persona. Sólo tú te conoces y sólo tú puedes hablar de ti mismo, pues eres la persona que mejor te conoce. Hacer esto te ayudará a evitar un conflicto innecesario.

- **No tener miedo ni te sientas culpable por decir que no.** Este es un punto muy importante de la asertividad, y es mi favorito. A muchos de nosotros, si no es que a la mayoría, nos educan para ser complacientes, pasivos y nos dicen que aguantemos lo que se nos dice, sobre todo si viene de una figura de autoridad. Hay que tener siempre un poco de humildad, es cierto, pero también hay que ser inteligentes para reconocer cuándo importa más lo que sentimos. Si no estás de acuerdo con hacer algo, dilo. Defiende lo que crees. Si no quieres ir a una fiesta, no te sientas culpable.

Decir que no, no es equivalente a ser agresivo o grosero. Se puede decir que no y seguir siendo amable.

La asertividad se trata de equilibrio entre ti y entre el resto del mundo. Ten en mete que nadie debe imperar sobre nadie; tu opinión es igual de importante que las opiniones de los demás. La asertividad te ayudará a mejorar tus habilidades sociales y, incluso, quizá, la relación contigo mismo. La clave de toda buena interacción es la comunicación.

7

Cómo ser un excelente conversador: Pon en práctica lo que has aprendido hasta ahora

Hemos llegado al capítulo final del libro. Como habrás visto en la introducción, este capítulo se divide en varias partes. La idea es abarcar diferentes escenarios en los cuales puedas necesitar consejos y guía para ser un excelente conversador. Sin más preámbulo, empecemos con el último capítulo.

Primera parte: habilidades generales para ser un buen conversador

Parte importante de las habilidades sociales son las habilidades de conversación. Dedicamos un capítulo completo al lenguaje corporal, así que ahora es momento de hacer lo mismo con el lenguaje verbal.

Las palabras hacen mucho por nosotros. Ellas le dan forma al mundo, a nuestros pensamientos, a nuestras relaciones. Si no fuera por las palabras, nuestra especie no hubiera podido llegar hasta donde está hoy. Con ellas contamos historias, escribimos relatos, investigamos, compartimos conocimientos, imaginamos y creamos. Las posibilidades son infinitas. Por esta razón, es importante que sepamos cómo comunicarnos con ellas. Las palabras nos permiten relacionarnos como grupo humano. Más en concreto, nos permiten entablar nuestras relaciones más importantes y significativas. En este capítulo aprenderemos a hablar de manera cautivadora, pertinente y necesaria; pondremos en práctica todo lo que hemos visto hasta ahora.

Traza una meta general y determina objetivos pequeños

Lo primero que tienes que hacer es plantearte una meta. Siguiendo la línea de lo que hicimos en el primer capítulo, aquí haremos lo mismo. Un paso importante para empezar a desarrollar las habilidades de conversación es el planteamiento de metas. ¿Por qué? Bueno, es importante que determines hacia dónde te diriges. Una pregunta es una búsqueda; en este caso, la búsqueda por ser un buen conversador.

Primero, traza una meta general. Esa podría ser, por ejemplo, pedirle a una persona que sea tu pareja sentimental. Parece como algo sencillo, pero seguramente no lo es. Esa es la meta general. ¿Cuáles podrían ser metas más pequeñas? Podrías hacer como esto:

"Mi meta es pedirle a X que entre en una relación sentimental conmigo. No puedo hacerlo de golpe, pues no sé cómo hacerlo ni he aclarado mis ideas. Mi primer meta pequeña será que yo escriba en una hoja los pros y contras de lo que voy a hacer. Determinar mis sentimientos es un buen paso. Después, invitaré a X a tomar algo en algún sitio diferente de los que normalmente visitamos. Por último, hablaré con ella y le diré lo que siento."

. . .

Suena como algo muy mecánico y pensado. Pero si no estás acostumbrado a conversar con cierta facilidad o a tomar ciertas decisiones complicadas, siempre es un buen paso trazar un camino claro que puedas seguir. El ejemplo es burdo, pero ilustra. Otro ejemplo podría ser:

"Mi meta mayor es una persona que no tenga que pensar sus interacciones antes de hacerlas. Quiero conversar ágilmente, saber improvisar y hablar con cualquiera.

Quiero ser asertivo, poder resolver conflictos y comunicarme con eficacia. Las personas querrán hablar conmigo porque soy muy bueno escuchando y tengo un lenguaje corporal interesante. Esa es mi meta general, pero debo trazar metas pequeñas. Primero, puedo empezar practicando mis habilidades de improvisación con mis amigos.

Después, practicaré frente al espejo mi postura, mi movimiento de manos, el tono de mi voz. Me concentraré en presentarme siempre como una persona confiable, con alta autoestima y un excelente conocimiento de mis habilidades, todo esto de una forma asertiva." Y así, ir trazando metas más pequeñas.

Para trazar el camino que vas a seguir, es importante que te conozcas a ti mismo.

Tienes que ser honesto y transparente. ¿Qué quieres y cómo vas a llegar ahí? ¿Cuáles son tus ventajas y cuáles son tus obstáculos?

Aprende a dar el primer paso de vez en cuando

No siempre serán los demás los que se acerquen a nosotros. Y bueno, si tienes un poco de ansiedad social o simplemente te pone nervioso ser el primero en iniciar una conversación, este es el momento de salir de la caja, salir del espacio al que estás acostumbrado. O como dicen por ahí, es momento de salir de la zona de confort.

. . .

No temas proponer un plan, organizar una salida, invitar a tus amigos a una fiesta, hablarle a la persona que te gusta o a hacer unas cuantas llamadas. Lo cierto es que muchos nos ponemos nerviosos ante estos escenarios porque tememos el rechazo. Sin embargo, te aseguro que nadie está pensando en rechazarte de entrada. Y si te rechazan, será por una razón que no tiene que ver contigo. Dar el primer paso es un buen ejercicio para que practiques acostumbrarte al sentimiento de exponerte a las cosas que te dan miedo. ¿Recuerdas la técnica de la exposición prolongada? Dar el primer paso es algo así.

Ser el primero en proponer algo seguro se sentirá incómodo, difícil o raro, pero eso es momentáneo. Si las cosas no salen como planeas, por lo menos sabes que diste el primer paso. Todo esto es práctica para tus habilidades sociales, seguridad y confianza.

La sinceridad de la intención

Más adelante hablaremos de las conversaciones superficiales o *small talk* en inglés.

. . .

Por ahora, veremos cómo tener una conversación sincera y genuina. No me refiero a ese tipo de charlas que son largas y tendidas, sino a aquellas que son fugaces, pero eso no las hace menos importantes para la interacción.

La clave para una conversación sincera es saber preguntar y escuchar. Mira esta conversación:

Persona 1: ¡Hola! Veo que asististe a un evento este fin de semana. ¿De qué trató?

Persona 2: Oh, qué bueno que lo viste. ¡No me lo esperaba! Fui a una exposición científica de la tesis de mi hermano. Él es especialista en física cuántica.

Persona 1: ¡Qué impresionante! Jamás había conocido a un profesional de ese tipo. Me encantaría que me cuentes más de su trabajo.

Esta no es una charla profunda y sentimental, pero sí es genuina. Lo que tienes que hacer para tener conversaciones significativas es, antes que anda, escuchar. ¿Qué dice la otra persona? ¿Qué podrías preguntarle? ¿Qué te interesa saber? Imagínate que cada persona es un personaje de una película famosa e interesante. Los personajes tienen siempre una historia de fondo, ¿cierto? Nadie hace ni dice nada así porque sí: siempre hay una razón detrás. Piensa en ello, y escucha a la persona. Una vez que hayas prestado atención, empiezan las preguntas.

Lo que yo resaltaría de las conversaciones sinceras es que no son de ese tipo de diálogos en el que sólo se oye por responder. No busques escuchar a las demás personas sólo para compartir tu punto de vista. Busca, en cambio, que la conversación sea un intercambio sensato, honesto y abierto de opiniones o conocimientos.

La primera impresión cuenta

No es muy agradable hablar con alguien y que esta persona tenga una mala cara. Por ello, aquí puedes empezar a poner en práctica tus conocimientos sobre lenguaje corporal. Ya conoces la importancia de la buena postura, de la apertura de los brazos, del volumen de la voz, etcétera. Cuando te acerques a alguien, cuida estos pequeños detalles. Además del lenguaje corporal, apóyate de una buena apariencia física.

No digo que tienes que verte como un modelo ni arreglarte como si fueras a aparecer en la portada de una revista. Sin embargo, a nadie le daña tener una camisa planchada, un buen peinado o un rostro limpio.

Y no sólo los detalles físicos. También la actitud cuenta. El respeto es la clave de toda buena convivencia, así que siempre tiene que ir por delante. Si vas a asistir a una reunión donde vayan varias personas nuevas para tu círculo habitual, entonces recuerda ser abierto y respetuoso. No tengas prejuicios, no te precipites a juzgar, y tómate tu tiempo de comprender a esta persona que tienes frente a ti.

No tengas miedo de fallar

Seguramente todo lo que acabamos de explicar no te saldrá en el primer intento. No te digo esto para desmotivarte, sino para prepararte. Fallar es parte del proceso.

Yo tenía una profesora en la universidad que era muy buena para este tipo de temas. Ella me asesoró en mi tesis, y estuvo el día que me la aprobaron. Lo primero que me dijo fue "Este logro lo conseguiste gracias a todas las veces que fallaste. Si no hubieras perdido primero, nunca hubieras sabido que tenías que buscar algo." Yo nunca olvidé esa lección. Es cierto. Si no nos equivocamos, ¿cómo vamos a saber dónde hemos errado? El error es quizá incluso más relevante y necesario que lograr algo. Una vez que terminas el proceso, te limitar a dejar de aprender. En cambio, si te equivocas continuamente le abres una puerta al conocimiento para que siga entrando a tu cabeza.

Ten en mente siempre que estás intentado algo nuevo. Es de esperar que no te salga a la primera hablar al espejo y practicar tus ademanes o trazar un plan general para tu vida. Quizá hables en público después de haber practicado mucho, y aún así te salga mal la presentación. Nada no asegura que no nos equivocaremos, así que tenemos que acostumbrarnos al sentimiento. Es mejor aprender a disfrutar cada parte del proceso.

Recuerdo que muchos compañeros míos se burlaban de mí y de mi tesis debido a que yo tenía más errores que ellos. A mí nunca me importó, y de hecho me sentí muy bien por mí mismo. Si yo estaba en donde estaba, era porque había aprendido a aceptar mis errores. Más incluso: aprendí a quererlos. Sin ellos, mi tesis no me hubiera salido bien y hubiera presentado un mal trabajo. Cuando eres consciente de que las posibilidades de fallar estarán siempre ahí, aprendes a valorar todo el aprendizaje que puedes obtener de ellas.

Segunda parte: Cómo romper el hielo y tener conversaciones repentinas o *small talk*

Hacer un buen *small talk* es todo un arte. No cualquier persona puede sacarle plática a otra, mucho menos si no se conocen. Requiere técnica, esfuerzo y mucha observación. En esta sección aprenderás algunos tips básicos para volverte un maestro de las conversaciones superficiales o repentinas.

¿Qué significa romper el hielo? Esta expresión se utiliza para referir la acción e hacer o decir algo que rompa la tensión que hay entre dos personas. Por ejemplo, digamos que acabas de conocer a una persona en el elevador que ambas tomaron para llegar al piso de la oficina. El piso está en el nivel quince, entonces tardarán mucho en llegar allí. Algo que pudieras hacer para romper ese silencio incómodo sería decir "Buenos días/tardes/noches" o un "¿Cómo está? Buen día".

Cuando hablamos de romper el hielo y tener conversaciones repentinas, nos referimos a aquellas charlas a las que recurrimos para sacarle plática a otra persona. Esto viene muy fácil para algunas personas, pero no para todas. Recuerdo que tenía una compañera de la escuela que era experta en la interacción social, y congeniaba con todos los nuevos alumno y alumnas del salón. Antes yo no sabía qué era, pero hoy puedo decir que eso se lo debe a su excelente capacidad para conversar de lo que sea con quien sea. Esto es lo que queremos lograr. A veces debemos hablar con personas que no conocemos. Puede ser que lo hagamos en una conferencia de negocios, en una reunión social o en una reunión familiar.

Nadie tiene un libreto a la mano que nos diga qué decir o hacer, entonces sólo nos valemos de nuestra habilidad social para salir bien parados de esa situación.

Romper el hielo no sólo es importante para las personas que quieran llenar espacios incómodos. También funciona para acercarnos a personas con las que, de otra manera, no tendríamos qué decirles. Imagina que te gusta un chico, pero no sabes cómo hablarle ni cómo avanzar la amistad. Como no coinciden en ningún espacio, tienes que buscar una excusa para hablarle Aquí es donde entra en juego tus capacidades para tener conversaciones repentinas y espontáneas. Es una prueba divertida, ¡inténtalo

Sin más preámbulo, los consejos:

- **Haz preguntas interesantes e innovadoras sobre cualquier tema**. A mí me gusta preguntar sobre el trabajo, el clima o incluso sobre comida o los espacios. Sé que parece muy predecible, pero hay truco para esto. Juega con las posibilidades y evita hacer preguntas predecibles e irrelevantes. Intenta algo como esto:
- ¿Qué es lo mejor y peor de tu trabajo?
- ¿Qué pregunta desearías que las personas te hicieran sobre tu trabajo?
- ¿Por qué no fuiste astronauta?

¡Vaya! Parece broma la última, pero es enserio. No tienes que sentarte largo y tendido a pensar en qué preguntar. Todos tenemos mucha creatividad para este tipo de ocurrencias, pero normalmente no hacemos este tipo de preguntas diferentes porque tememos la respuesta. Arriésgate un poco y juega con las posibilidades.

- **Sí puedes ir un poco más allá.** El *small talk* no está restringido a ser eso para siempre. Que tengas una conversación repentina no implica que te quedes en preguntas superficiales y espontáneas. Si quieres conectar con alguien o sólo quieres conocerle un poco más, puedes ir un paso más lejos con este juego de romper el hielo.

Para profundar más en las conversaciones repentinas, usa la técnica del "Sí, pero ¿por qué?". No tienes que usar la frase como tal. La estrategia consiste en que hagas preguntas que respondan a la pregunta "¿Por qué?" y no a "¿Qué?". Este tipo de preguntas te dan la oportunidad de conocer un poco más a tu interlocutor. ¿Por qué? Este tipo de interrogaciones implican la explicación de razones, motivos o causas.

Esto significa que la persona debe hacer un esfuerzo mayor para responderte. Esto te dará la oportunidad para profundizar y conocer de manera más íntima a alguien más.

De hecho, podrías combinar esta técnica del por qué con el primer consejo de esta sección. Haz preguntas que se salgan de lo común, y haz preguntas que procuren revisar los razones, motivos o causas de algo.

- **¿Cómo terminar una conversación casual?** Esto es muy sencillo, en realidad. A veces, las conversaciones casuales corres el riesgo de alargarse hasta un punto en el que se vuelvan un sinsentido forzado e incómodo. Tienes varias opciones, por lo tanto, para terminarlas sin parecer grosero o rudo.

- *Lo primero que puedes hacer es apoyarte en el entorno.* Fíjate en lo que te rodea. ¿Qué puedes sacar de allí para ayudarte? Si estás en un museo, por ejemplo, podrías poner de excusa que quieres ir a ver un cuadro que está en X pared o cuarto del edificio. Sonríe amablemente y retírate. Esta es una buena estrategia.
- *Utiliza tu cuerpo.* Aquí entra en juego el lenguaje corporal. Si deseas retirarte, puedes emitir señales con tu cuerpo. Por ejemplo, podrías voltear un poco la cabeza hacia la puerta, tus manos, un libro u otra cosa que desvíe tus ojos de los de la otra persona. Apóyate también un poco en los pies y apúntalos en dirección contraria del cuerpo de tu interlocutor. Todos estos movimientos, si la otra persona es aguda en la observación, indicarán que ya no quieres o puedes estar en la conversación.

Si la persona no nota lo que estás haciendo y sigue

hablando contigo, puedes utilizar un objeto que te apoye a enfatizar el mensaje no verbal que estás mandando. Por ejemplo, podrías levantar una mochila del suelo, desconectar un cargador o voltear un momento para recoger algo de una mesa. Esto mandará la señal de que tu atención está desviándose por momentos a otros lados, lo que significa que ya no estás presente al cien por ciento en la conversación. No es grosero hacer esto. Al contrario, es entendible y efectivo.

- *Fíjate en lo que la otra persona estaba haciendo antes de llegar contigo.* No siempre somos las personas más oportunas cuando se trata de interceptar a alguien más para un conversación casual. En ocasiones, llegamos en medio de otra plática o en medio de una actividad. Interrumpimos a la otra persona y hacemos que detenga en lo que estaba. Ahora, sin embargo, es nuestro momento de aprovecharnos de eso. Si ya quieres irte de la conversación o terminarla, entonces sólo necesitas decir algo como "Bueno, te dejo en lo que estabas haciendo", o "Ya no te interrumpo más", "Ya te dejo seguir tu camino", "Lamento haberte molestado".

Las opciones son infinitas. La idea es que uses la interrupción a tu favor.

- *Reconoce que el tema ya se agotó.* Esta es otra estrategia muy buena y eficiente si eres alguien a quien le gusta aprovechar su tiempo. Cuando sientas que la conversación ya no da para más, auxíliate en frases como "Bueno, creo que ya no hay nada más que deba hablar contigo" o "Me parece que el asunto aquí ya está resuelto". Ambas indican sutilmente que ya es momento de dar por terminada la conversación.
- **¿Y qué hay con las despedidas grupales?** Cuando se trata de despedirnos de un grupo, no siempre podremos aplicar la técnica de hacer preguntas o declaraciones individuales. Además, es incómodo y tardado despedirse de todos los miembros de un grupo, uno por uno. ¿Qué podemos hacer o cuál es nuestra alternativa? Puedes optar por una despedida de esas que se hacen lejos. Voltea a ver al grupo desde el sitio de tu despedida, y di adiós. Acompaña esta acción con una sonrisa amable y el cuerpo volteado hacia el grupo.

Lo que me gusta destacar de esta sección de las conversaciones repentinas o *small talk* es que son un excelente ejercicio en dos sentidos. Primero, nos obligan a salirnos de nuestra zona de seguridad. ¿Recuerdas que hablamos de ser el primero en acercarse? Las conversaciones casuales nos permiten correr ese riesgo sin necesidad de salir muy dañados si no sale bien. Segundo, las conversaciones casuales nos permiten trabajar en la exposición prolongada para nuestra ansiedad social. Si tomar en tus manos el hablarle a otra persona aun cuando estés nervioso, estás practicando de una manera sana y sencilla técnicas diferentes para reducir el estrés y ansia que te causa tu ansiedad social.

Recuerda que las conversaciones casuales puedes tenerlas en diferentes momentos de du día y de tu vida. Ellas no sólo nos ayudan a llenar un espacio de silencio o a romper un silencio incómodo. Una conversación repentina puede servirnos como puerta de entrada para conocer a alguien que nos llama la atención o nos interesa, ya sea en un sentido personal, amoroso, laboral o profesional, etcétera. Para conversar casualmente con éxito, siempre relájate primero. No te pongas más presión de la que ya tienes encima de ti.

Mantén una actitud positiva y piensa que estás

haciendo esto para acercarte cada día más a tus objetivos de mejorar en tus habilidades sociales.

Tercera parte: El arte de negociar

Negociar significa que dos partes opuestas tienen intereses opuestos, por lo cual deben llegar a un acuerdo o punto medio. En las habilidades de conversación contamos las habilidades para negociar porque, para realizarlas con éxito y destreza, se requiere de in trabajo con cuidado e inteligencia.

Para negociar, tendrás que usar tu lenguaje corporal y tu capacidad de ser asertivo. Tendrás que leer las actitudes de otros, aprender a trazar metas, planes de acción y procesos. Deberás hacerte preguntas y cuestionar en dónde estás parado con respecto a algo y alguien. En resumen, deberás explotar al máximo tus habilidades sociales. No digo esto en un sentido de alarma o gravedad. Al contrario. Negociar es una oportunidad excelente para revisar el progreso que hemos tenido desde que empezamos el camino a convertirnos en un ninja social.

• • •

Si las cosas salen mal y no logras pararte firme y recto sobre tus dos piernas antes de entrar a una negociación, no te preocupes. Recuerda por qué estás haciendo esto y toma un respiro. Enfrentarse con un opuesto puede ser una situación desgastante, entonces no te presiones más de lo que debes.

Fase preparatoria

Bien, pues estás en una negociación. Has tomado decisiones que te han llevado a este momento, y ahora tienes que enfrentarte con otra persona. ¿Qué es lo que tienes que hacer? Bueno, antes que nada, tienes que prepararte. Antes de una negociación, tienes que trazar objetivos y saber dónde estás parado. En otras palabras, no puedes ir a buscar acuerdos o consenso sobre algo que ni siquiera sabes que quieres. Lo que yo recomiendo para esta fase es que hagas una lista en la cual respondas las siguientes preguntas:

- **¿Qué hago aquí?** Debes tener claro cómo llegaste a estar en esa posición. ¿Por qué ahora y por qué en este momento?
- **¿Qué quiero obtener? ¿Cuál es mi objetivo?** La parte más importante de una

negociación. Si no hay un objetivo definido, más difícil será para ti dirigir tus esfuerzos, lo cual devendrá en una inevitable derrota. ¿Qué quieres? Trabaja en función de eso.

- **¿Cómo voy a obtenerlo?** Esto pertenece a la fase intermedia. Básicamente, es el plan que seguirás paso por paso para obtener tu meta.

- **¿Cuáles son mis atributos positivos y negativos? ¿Qué tengo a mi lado?** Haz una lista de tus debilidades y fortaleza. Puede que una fortaleza tuya sea que sepas argumentar, pero que tu debilidad sea que te vuelves agresivo y pierdes la oportunidad de ser asertivo. Todo esto debes tenerlo claro para que no te tome nada por sorpresa al momento de negociar. Conocerte a ti mismo es conocer tus probabilidades.

- **¿Quién es mi oponente?** Y, por último, investiga un poco a la persona con la que vas a negociar. ¿Quién es? ¿Qué busca? ¿Quién está en su equipo? ¿Cuál es su contexto? No es garantía, pero hacer esto te da una mayor probabilidad de salir victorioso en la negociación.

Negociar no es una competencia ni un desacuerdo feroz entre dos partes, a menos que sí lo sea. Sin embargo, en la mayoría de los casos, negociar significa ponerse de acuerdo dos partes que antes estaban en desacuerdo. Negociar es hacer concesiones y llegar a acuerdos. En la fase preparatoria estás trazando todos los argumentos necesarios para llevar a cabo una negociación saludable y pertinente. Y no sólo eso: también estás dibujando lo que tienes al lado tuyo como ventaja para inclinar la balanza hacia tu lado.

Fase intermedia

Esta fase se trata de armar un plan para ganar la negociación y llevar esta última a cabo. Tenemos dos técnicas que pueden servirte para prepararte.

- **Define en qué vas a ceder y en qué no.** También conocidos como puntos negociables o no negociables. Ya que te has preparado para negociar, es momento de entrar a la acción. Si ya expusiste tus puntos y argumentos, y la otra persona igual lo hizo, es momento de, entonces, ver en qué pueden ponerse de acuerdo y en qué no. Cuando las dos partes están dispuestas a ceder alguno de sus deseos, entonces vemos de frente un aspecto negociable del traro. Si nadie quiere o puede ceder aquello que busca, entonces veremos un aspecto no negociable.

Esto es de esperarse en una negociación. Lo que pueden hacer es lo siguiente. Una negociación no es una competencia. No ganará quien logre inclinar el trato hacia su lado, al menos no justamente. Esto es cómodo para el mundo de los negocios o en la política, pero no en el mundo cotidiano. Lo mejor, siempre, será llegar a un punto de acuerdo en el que todas las partes sientan sus deseos respetados. Si llegas a un punto de no retorno en las diferencias de intereses, siempre tienes la oportunidad de preguntarle a tu oponente "¿En qué podemos estar de acuerdo? Yo creo que hacer esto nos beneficiaría a ambos."

- **La negociación *per se*.** O negociación en sí misma. Este el momento culminante de toda la preparación que has realizado para obtener tus objetivos. Pues bien, no es tan complicado lo que harás ahora. Sólo tienes que exponer tus puntos y tener una conversación con la otra persona. Lo complicado será que deberás estar pendiente en todo momento de algunos aspectos: lo que la otra persona dice, el cómo lo dice, su lenguaje corporal, el tono de su voz, sus estrategias y sus debilidades.

Por eso dicen que negociar es un arte, porque no es sencillo. Una vez que has dicho la razón por la que estás ahí, empieza el juego o forcejeo entre las dos partes. Digamos que estás negociando para, no lo sé, tener una hora extra de descanso en la hora de receso laboral. Tu jefe es la contraparte a la que intentas convencer.

Bien, pues ya has dicho lo que quieres, pero tienes que esperar la respuesta. ¿Qué dice tu jefe? Voltea el cuerpo, cierra los brazos y titubea mucho al hablar.

Aquí tendrás que recurrir a tus conocimientos de lenguaje corporal e interpretar lo que dice. Quizá, ya lo anticipaste, no está de acuerdo con lo que has dicho y tendrás que buscar otra estrategia. Pero tú sabes leer el lenguaje no verbal, así que te has adelantado a esto y ya empezaste a preparar otra opción de respuesta en tu mente.

Además de leer el lenguaje corporal, ya sabes que hay puntos negociables y no negociables en todo desacuerdo entre partes. La inteligencia o habilidad social está en que sepas hacer dos cosas: o convencer a la persona para que cambie de parecer con respecto a lo que está dispuesta a ceder, o que afloje un poco sus restricciones para que puedan llegar a un punto medio.

Aquí tendrás que ser muy respetuoso y asertivo, y tendrás que prepararte para el rotundo "no" o rechazo. Por algo se llaman puntos no negociables.

Fase final

Por último, la fase final. Aquí solamente queda lo último: realizar una retroalimentación. ¿Qué pasó en la negociación? ¿Quién inclinó la balanza hacia su lado? ¿Cómo se solucionaron las discrepancias? ¿Qué estrategia se utilizó para resolver los puntos no negociables? ¿Lograste obtener tu objetivo? ¿Qué técnicas usó la parte contraria para conseguir lo que quería? Estas son algunas de las preguntas que puedes hacerte a ti para ser mejor.

Lo que quiero resaltar de las negociaciones es lo siguiente. Muchas veces olvidamos que negociar no es una competencia de egos ni de imponerse al otro. De hecho, se supone que deben ser un intercambio justo entre dos partes que tienen una oposición inocente y saludable.

Por lo tanto, si estás en una conversación y notas que se está poniendo un poco tensa, quizá sea momento de replantear tu papel en lo que está sucediendo.

Una negociación ideal es aquella en la que los contrincantes no son enemigos buscando objetivos separados, sino en la que las partes opuestas sí tienen metas diferentes, pero comparten el objetivo común de respetar al otro.

Una buena negociación se define por el interés, cuidado y apertura que se les pone a las declaraciones, a los argumentos, al convencimiento. Ten en mente siempre esto. Pon en práctica tus habilidades sociales, pues ahora te serán útiles. Utiliza el conocimiento de lenguaje corporal para evaluar la situación de la otra persona; sé asertivo para comunicar tus ideas; sé respetuoso y trata de no caer en conflicto; muéstrate abierto, cálido y carismático.

Palabras finales: Una reflexión sobre las habilidades sociales

Recuerda lo que dijimos en la introducción el libro: somos individuos sociales. Necesitamos de la habilidad para socializar con otros para prosperar en todo lo que hacemos, desde la actividad más sencilla y primitiva, hasta el trabajo más especializado. Como seres humanos desarrollamos nuestras cualidades y alcanzamos nuestro potencial siempre en un contexto de apoyo y seguridad grupal.

Nuestros pares son otras personas, por eso es importante saber cómo relacionarnos con ellas.

En este libro revisamos algunos consejos que te pueden servir para mejorar tu capacidad de relacionarte con otras personas. Si crees que es complicado al inicio, ¡no te rindas! Recuerda que esta habilidad está, literalmente, en tu sangre. Desarrollar este tipo de habilidades no es fácil para todos, pero esto es porque todos somos diferentes, y tenemos caminos diferentes. No te desanimes si no aprendes a ser carismático desde un inicio, o si te cuesta trabajo hablar en público o ser asertivo.

. . .

Este tipo de comportamientos nadie nos los enseña, y se entiende que sea difícil superar nuestros miedos.

Si llegaras a sentirte presionado, no olvides por qué empezaste este camino. Saca la hoja o libreta en la que apuntaste tus objetivos y léela. ¿Qué es lo que quieres lograr? ¿A dónde quieres llegar? ¿Dónde quieres verte en los siguientes años? No desistas en esos objetivos.

Todo camino que lleva a una meta está lleno de obstáculos, pero también de pequeños logros significativos. Así que agárrate de eso y sigue adelante. ¡Tú puedes! Disfruta el camino con todo y sus baches, pues sólo así podrás desbloquear tu gran potencial de habilidades sociales.

¡Suerte! Empieza hoy. Párate frente al espejo y plantéate una meta del día.

Concéntrate en ella y poco a poco ve avanzando en tu lista de habilidades que quieras mejorar de ti.

Carisma Decodificado

Carisma Decodificado

Descubre los Secretos de Cómo Desarrollar una Personalidad Irresistiblemente Magnética

© Copyright 2020 – Shaun Aguilar - Todos los derechos reservados.

Este documento está orientado a proporcionar información exacta y confiable con respecto al tema tratado. La publicación se vende con la idea de que el editor no tiene la obligación de prestar servicios oficialmente autorizados o de otro modo calificados. Si es necesario un consejo legal o profesional, se debe consultar con un individuo practicado en la profesión.

- Tomado de una Declaración de Principios que fue aceptada y aprobada por unanimidad por un Comité del Colegio de Abogados de Estados Unidos y un Comité de Editores y Asociaciones.

De ninguna manera es legal reproducir, duplicar o transmitir cualquier parte de este documento en forma electrónica o impresa.

La grabación de esta publicación está estrictamente prohibida y no se permite el almacenamiento de este documento a menos que cuente con el permiso por escrito del editor. Todos los derechos reservados.

La información provista en este documento es considerada veraz y coherente, en el sentido de que cualquier responsabilidad, en términos de falta de atención o de otro tipo, por el uso o abuso de cualquier política, proceso o dirección contenida en el mismo, es responsabilidad absoluta y exclusiva del lector receptor. Bajo ninguna circunstancia se responsabilizará legalmente al editor por cualquier reparación, daño o pérdida monetaria como consecuencia de la información contenida en este documento, ya sea directa o indirectamente.

Los autores respectivos poseen todos los derechos de autor que no pertenecen al editor.

La información contenida en este documento se ofrece únicamente con fines informativos, y es universal como tal. La presentación de la información se realiza sin contrato y sin ningún tipo de garantía endosada.

El uso de marcas comerciales en este documento carece de consentimiento, y la publicación de la marca comercial no tiene ni el permiso ni el respaldo del propietario de la misma.

Todas las marcas comerciales dentro de este libro se usan solo para fines de aclaración y pertenecen a sus propietarios, quienes no están relacionados con este documento.

Introducción

El carisma y su increíble potencial

¿Alguna vez conociste a una persona realmente carismática?

Yo sí. Parecen tener mucha vida y energía en ellos, un brillo en los ojos que irradian calidez y amistad. Como si tuviesen al mundo ante sus pies y estar rodeados por gente que los aman y les admiran, y pudiesen alcanzar cualquier meta por ellos mismos, y usualmente lo logran. Viven en hogares que otras personas admiran y se van de vacaciones a lugares que la mayoría de la gente sólo puede soñar con visitar. En general, la vida parece acomodarse por sí sola para ellos y les abren

Introducción

muchas puertas que a la gente normal les mantienen cerradas.

Si hay una cualidad importante que una persona puede poseer, y puede mejorar sus vidas de forma poderosa y positiva, así como lanzarlos en un cohete hacia el éxito, esa tiene que ser el carisma. Desde cualquier lado que observes, ¡ser carismático cambiará tu vida, sin importar quién eres ahora!

Usualmente visualizado como la suerte que muy pocos tienen, el carisma permite a la gente construir relaciones con otros, lo que significa que, por lo tanto, la gente los admire. Cuando le agradas a la gente indicada, ellos se toman la molestia de generar oportunidades para ti. Querrán a que seas parte de sus vidas y te invitarán a fiestas y reuniones. Buscarán cómo integrarte en sus trabajos y disfrutarán mucho de compartir su éxito y conocimiento contigo.

Cuando dos personas con las mismas aptitudes buscan el mismo trabajo, ¿a quién crees que se lo otorgarán? ¡Te puedo asegurar que lo obtendrá quien emane más carisma!

Introducción

La gente carismática descubre que las oportunidades increíbles están presentes todo el tiempo, y eso hace sus vidas más emocionantes y divertidas. Una de las personas más carismáticas que conozco estima que, cada vez que vuela, lo ascienden a la clase ejecutiva el 50% de las veces. Esto no se debe a la suerte, sino al carisma que elude constantemente. Es un experto en crear relaciones con la gente, y gracias a que genuinamente le agrada a la gente, usualmente le dan muchas oportunidades.

Antes de que alguien se pueda volver realmente carismático, es de vital importancia entender qué es el carisma. He descubierto que mucha gente cree saber qué es el carisma, pero en realidad no tienen idea.

El carisma es algo difícil de describir, ¡así que empecemos identificando qué **NO** es!

He encontrado que el carisma usualmente es confundido con ser impulsivo, arrogante, intenso y efervescente. Uno de mis amigos solía salir con una chica que tenía muchas de estas cualidades, y él usualmente hacía comentarios sobre su carismática personalidad. Pero yo sentía vergüenza y pensaba que ella era todo menos carismática.

Introducción

Verás, la gente carismática no se roba la estelaridad intencionalmente. No tratan de obtener la atención de todos, incluso a pesar de que esto ocurre naturalmente. No se obsesionan con ser el centro de atención o contar historias en voz muy alta. No se preocupan por hacerse sobresalir o presumir sobre sus éxitos más recientes. Esta chica lo hacía, y la convirtió en el opuesto directo del carisma.

También he visto al carisma ser definido como la habilidad para hablar con extraños en la calle, en bares, o de acercarse a la gente que no conoces y hablarle. A pesar de ser una de las características más importantes de la gente carismática, no me parece que describa al carisma.

Para mí, el carisma no es, necesariamente, ser el alma de la fiesta, o tener conversaciones con extraños.

Puedes encontrarte haciendo esto naturalmente como una persona carismática, pero he visto esto ser enseñado como parte de un curso de carisma, y, aunque es una habilidad útil, no creo que sea el corazón y el alma del carisma.

Introducción

Entonces, ¿qué es el carisma?

La gente carismática tiene una habilidad asombrosa de enfocar la atención sobre otras personas. Lee eso de nuevo. Se enfocan en hacer sentir asombrosa a la gente a su alrededor. En hacer a otras personas el centro de atención, en vez de robarse el protagonismo intencionalmente.

El carisma no se trata sobre ser ruidoso, o ser el alma de la fiesta. El carisma se trata sobre cómo hacer sentir a otras personas. Es la habilidad de hacer sentir a la gente a tu alrededor que no son las únicas personas en el planeta cuando están en tu presencia. ¡Es la habilidad de hacerlas sentir como si fuesen la persona más importante en el mundo!

Existe una gran historia sobre dos funcionarios ingleses, Benjamin Disraeli y William Gladstone, quienes estaban postulándose para un cargo público. Tras meses de campaña, ambos también tuvieron la oportunidad de invitar a la misma chica a cenar.

Luego de que esta mujer tuvo una cita con ambos hombres y había pasado algunas horas en su presencia,

Introducción

un miembro de la prensa le preguntó qué pensaba de ellos.

Su respuesta resumió al carisma perfectamente. Dijo que luego de pasar algunas horas con cada uno de los hombres, era obvio que ambos eran individuos muy importantes, poderosos e inteligentes, de eso no había duda.

Continuó comentando: *"Cuando dejé el restaurante tras sentarme con el Señor Gladstone, pensé que era el hombre más astuto en Inglaterra. Pero luego de sentarme junto al Señor Disraeli, pensé que yo era la mujer más astuta de Inglaterra."*

¿Ves la diferencia?

Esta historia optimiza qué es el carisma. Es la habilidad de construir buenas relaciones con la gente, haciéndolas sentir como si fuesen la única persona por la que te preocupas. No importa quienes sean estas personas o cómo se ganan la vida una persona carismática les hará sentir increíble. El carisma es la habilidad de entablar conexiones con la gente de tal forma que les agrades de forma genuina y disfruten de estar a tu alrededor. Es la habilidad de hacer que la gente sea cálida contigo, a veces sin saber por qué, pero sabiendo que realmente te admiran y que quieren pasar más tiempo contigo.

Introducción

El carisma: una habilidad simple que todos pueden aprender

La meta de este libro es darte superpoderes carismáticos. Una de las cosas que he encontrado sobre el carisma es que la mayoría de la gente no se da cuenta de que es una habilidad, que puede ser aprendida y dominada. La mayoría de la gente piensa que el carisma es una de esas cualidades que "o lo tienes, o no lo tienes". Piensan que el carisma es algo con lo que nacen solamente las personas suertudas. Que le llega a la gente de forma natural, y que si no están bendecidos con esta habilidad, entonces no hay mucho que puedan hacer al respecto.

¡Esto no podría alejarse más de la realidad!

El carisma es como cualquier otra habilidad que puede ser estudiada, aprendida y dominada. Es un determinado set de cualidades combinando lenguaje corporal, actitud, conversación y estar consciente de tus alrededores que te transforma en esta mística bestia llamada "Carisma".

En este libro, nos moveremos hacia adelante con lo que siento que son las "Reglas" del carisma y descubrir cómo aprender a aplicar estas a tu vida de forma lenta y consistente para convertirte en una persona más carismática.

Algunos años atrás, me fasciné por el tema del carisma y me comprometí a desarrollar mis propios niveles de carisma. Me senté y ponderé sobre la gente carismática que conocí en mi vida y detallé qué cualidades y amaneramientos tenían. Leí todo lo que pude sobre el tema y observé a estas personas de cerca durante su día a día. Creé un "Libro Negro", por llamarlo así, lleno de notas e ideas que podría utilizar para desarrollar mi propia personalidad y carácter para volverme una persona más carismática.

Luego de formar una lista de habilidades y cualidades, empecé a ponerlas en práctica. Trabajé en ellas cada día, probándolas para encontrar qué funcionaba y qué no. Una vez que confirmé que los principios e ideas funcionaban, decidí organizarlas en una guía que podía pasar a cualquier otra persona interesada en desarrollar su propio carisma. El resultado final es este libro.

Cómo usar este libro

Me gustaría que consideres que este libro como un manual que te transformará en alguien que tiene tone-

Introducción

ladas de carisma. De hecho, estaría dispuesto a decir que, si utilizas este libro y aplicas las reglas dentro de él, sería virtualmente imposible no duplicar, triplicar o cuadruplicar tus niveles de carisma. No digo esto para impresionarte; digo esto simplemente porque sé que las reglas de este libro funcionan. Las he usado yo mismo, con algunos buenos resultados.

El aspecto increíble que descubrí sobre estas "Reglas del Carisma", es que están trabajando para ti o en tu contra. O estás siendo carismático o no lo estás siendo. Depende de qué reglas están funcionando para en el momento actual de tu vida. De cualquier forma, están trabajando por ti, lo quieras o no.

La clave es que estés consciente de ellas para aplicarlas en tu vida de forma positiva y no negativa.

Al final de cada capítulo, pondremos en práctica la nueva regla o habilidad que acabas de aprender usándola en la vida diaria. La belleza de esto es que puedes escoger en aprender una nueva habilidad todos los días (si eres un lector hábil), o puedes tomarte tu tiempo y aprender una nueva habilidad cada semana o mes. El ritmo al que aprenderás y desarrollarás tu carisma depende completamente de ti. Te recomiendo que la

Introducción

vuelvas una lección que se aprende a lo largo de la vida, cuyo paso depende de ti enteramente.

Al cosechar y combinar gradualmente cada una de estas habilidades, encontrarás que tu nivel de carisma se disparará a través del techo mientras las refinas más y más.

Mientras construyes cada habilidad con una nueva, desarrollarás tus formas de construir relaciones con cualquier persona, sin importar cómo se ganan la vida o cuál es su estado financiero. Descubrirás que la gente amará estar cerca de ti y querrán pasar más tiempo cerca, porque tu presencia les hace sentir mejor. Cuando esto ocurra, descubrirás cómo las oportunidades parecerán a aparecerse de la nada. Te preguntarás cómo no habías vivido de esta forma, mientras que tu vida anterior se convierte en un recuerdo distante.

Te aconsejo tomar el compromiso de aprender estas reglas y vivir bajo ellas por el resto de tu vida. No se pretende que las leas y las pruebes una sola vez.

El objetivo es convertirte en un aprendiz del carisma, adquiriendo habilidades y practicándolas constantemente. La belleza de esto es que, cuando lo

Introducción

hagas, no existirá el "fracaso". Tú nunca podrás fallar, sólo producir resultados.

En vez de fallar, estarás ocasionando resultados que puedes desear o no desear. Sólo necesitas realizar un pequeño cambio y producir un diferente resultado. Eventualmente, hacer esto lo suficiente te permitirá saber cómo entablar las interacciones necesarias.

Sólo puedes fallar si dejas de producir resultados. Mientras aprendes y aplicas estas reglas del carisma, no te será posible fallar. Simplemente mejorarás conforme aplicas tus conocimientos en el mundo real. En este caso, el resultado es ser alguien que exuda masivas cantidades de carisma y captive a la gente a su alrededor.

Cuando se trata del carisma, nunca puedes ser demasiado carismático, y definitivamente nunca puedes dejar de aprender y dominar este arte.

Antes de comenzar, un pequeño detalle sobre la gramática. La conozco, y la adoro, pero no siempre la he seguido en este libro. He hecho esto por cuestiones de informalidad e inmediatez. He decidido escribir como hablo, como si estuviese dando una presentación sobre el poder del carisma y estuvieses en el salón conmigo. Espero que te interese este formato.

Este libro cambiará tu vida conforme se lo permitas. Cuando eso ocurra, tu vida se transformará en una que siempre hayas soñado. ¡Una vida donde cualquier meta y sueño sea alcanzable fácilmente! Todo gracias a este hermoso superpoder llamado "Carisma".

Comencemos.

1

Regla del carisma #1

Debes estar presente

¿Alguna vez has tenido una conversación con alguien y notaste que dicha persona no estaba completamente invertida en lo que decías?

Mientras estabas hablando, sus ojos estaban escaneando la habitación. Estuvo revisando su teléfono, su reloj. ¿Cómo te hizo sentir eso?

La primera regla importante del carisma es la presencia. Me refiero a que, cuando interactúas con alguien, enfoques toda tu atención en ellos todo el tiempo.

. . .

Esto puede sonar algo obvio y simple de realizar, pero créeme, puede ser engañoso.

En un mundo donde casi todos tienen un teléfono inteligente que les permite surfear el internet, revisar sus redes sociales, o que siempre haya algo interesante en la televisión, se ha vuelto cada vez más difícil conseguir la atención completa de una persona. De hecho, iría tan lejos como para decir que se ha vuelto *imposible* obtener la atención de una persona al cien por ciento en cualquier momento.

Sé de experiencia de primera mano en mi propio hogar durante las tardes. Mi esposa usualmente tiene su atención enfocada en su laptop mientras hablo con ella, o yo hago lo mismo cuando ella me habla a mí. Tenemos nuestros teléfonos a mano todo el tiempo, surfeando el internet y revisando nuestras redes. En este tipo de entorno, darle a alguien tu atención completa es algo que no se conoce.

La buena noticia es que la habilidad para realmente enfocarte en la persona con la que interactúas, para que tenga tu completa atención, hará que resaltes entre la multitud. Hará que esta persona sienta tu interés en lo que tienen que decir y que realmente les importas.

La gente no está acostumbrada a este tipo de atención y, cuando ocurre, les hace sentir particularmente especiales. En esencia, la habilidad de enfocarse por completo en una persona con la que interactúas, hará que tu carisma se dispare por el techo instantáneamente.

El hecho de que casi nadie hace esto juega a tu favor, ya que hará que tus esfuerzos se hagan notar más en los ojos de la persona con la que estás hablando.

Por ello, es de extrema importancia mantener tu presencia y contacto visual constantemente al hablar con la gente si quieres volverte una persona más carismática.

¿Sabías que Bill Clinton es conocido por su carisma? Por supuesto, es un político y tiene la habilidad de interactuar con la gente, ¿pero sabías que usualmente se le considera como uno de los individuos más carismáticos que podrías conocer?

Una de sus mejores habilidades es hacerte sentir como si fueses la única persona en la habitación cuando está hablando contigo. Él se encuentra completamente presente mientras mira hacia tus ojos y no mira a ningún otro lugar que hacia dónde tú estás. Te hace sentir como si tuvieses su atención completa mientras escucha y pondera sobre lo que estás diciendo.

Esto tiene un increíble efecto sobre la persona a la que está hablando, ya que ocasiona como resultado que la gente llegue a sentir que son las únicas personas en el mundo, después de todo, de eso se trata el carisma.

En un mundo donde es difícil obtener 5 segundos, y mucho peor, 5 minutos del tiempo de una persona, Bill Clinton deja de hacer lo que está haciendo, cierra el mundo a su alrededor y enfoca su atención en la persona con la que está hablando.

Hace un par de años, surgió una gran historia de un blog.

. . .

Ella había escuchado todo sobre su habilidad carismática, pero no era un enorme fan de esto debido al escándalo de Monica Lewinsky. Terminó en una cena donde él era el orador invitado, y, tras su discurso, la audiencia tenía una oportunidad de alinearse y conocerlo.

Cuando algunas personas de su mesa fueron a conocerlo, ella decidió pasar por alto la experiencia, después de todo, ella no era una fan muy grande de él y no iba a perder su tiempo en una fila para conocerlo.

Sin embargo, cambió de parecer cuando la gente de su mesa regresó hablando sobre lo encantador que era y qué asombrosa experiencia fue conocerlo. Ella decidió burlarse de ellos y esperó pacientemente en la fila para conocerlo.

Lo que describió a continuación fue una de los 30 segundos más poderosos de su vida. Cuando era su turno de conocer a Clinton, él le tomó la mano y enfocó su contacto visual completamente sobre ella. Con una sonrisa cálida, él empezó a preguntarle todo sobre ella, y nunca retiró su mirada. Ella dijo que sintió que como si ella fuese la única persona en una habitación llena de 3000 personas. Incluso bromeó que, cuando ella llegó a su casa, hasta quería tener un mensaje de voz en su máquina contestadora. Ese es el verdadero poder del carisma de Bill Clinton, y una enorme parte de su arsenal es estar presente con la persona a la que le está hablando.

Mantener tu presencia usualmente es más dificil de lo que suena. Piensa en una conversación que puedes haber tenido recientemente con alguien. ¿Fuiste capaz de estar enfocado en esa persona todo el tiempo o tu mente empezó a vagabundear mientras hablaba? Estoy dispuesto a apostar por la última.

Mantener tu presencia requiere esfuerzo, y no será fácil al principio, pero mientras estés consciente de que estás tratando de mejorar tu 'presencia' cuando le hablas a la gente, descubrirás con el tiempo que será cada vez más fácil.

. . .

Lo primero que puedes hacer para ayudarte a estar más presente es inventar un movimiento o una contracción muscular que puedes realizar en orden de recordarte intentar permanecer presente.

Por ejemplo, podrías juntar el pulgar y tu dedo índice de tu mano derecha y frotarlos lentamente mientras escuchas a la gente hablar durante una conversación. También puedes visualizar y ver la palabra 'presencia' flotando alrededor en el aire mientras lo haces. Ahora, me doy cuenta de que esto suena muy raro, pero ayudará a recordarte de que estás intentado estar más presente.

Tan pronto descubras que empiezas a distraerte y te encuentres pensando en otras cosas en vez de escuchar a la persona y estar presente, prueba frotando tus dedos para regresar al momento.

Por supuesto, puedes utilizar cualquier tipo de memoria muscular que desees para recordarte estar más presente. Puedes mover tus dedos en tus calcetines si quieres, o frotar tu lengua a lo largo de tus dientes si lo deseas. También puedes enfocarte en tu respiración. No importa qué sea, el punto es hacer algo que puedas sentir y te recuerde no distraerte de estar presente.

Otro truco que puedes utilizar es repetir cada cuarta o quinta palabra que esté diciendo la persona de vuelta a ti mismo. Por ejemplo, alguien puede decir algo como "Este fin de semana, mi hermano Brian vendrá de visita desde California, y está trayendo a su esposa e hijos." Lo que puedes hacer es repetir algunas de las palabras principales como "Brian"… "California"… silenciosamente a ti mismo mientras hablan. Esto te ayudará principalmente a permanecer presente, pero también a engranar las ideas principales de la conversación en tu memoria. ¡Imagina qué tan impresionada estará esa persona una semana después luego de que le preguntes cómo se encuentra su hermano!

Piensa en ti como una esponja absorbiendo a la persona con la que estás interactuando. Absorbe todo lo que digan y sólo enfócate en ellos.

La habilidad de la presencia toma mucho trabajo, así que no te decepciones si la encuentras ardua al principio.

. . .

Te recomiendo comenzar a trabajar de esta forma si quieres mejorar tu carisma. Es un buen punto de partida, y créeme, en un mundo donde la gente tiene dificultad para obtener la atención de alguien por más de un minuto, si puedes darle a alguien tu atención imparcial mientras te hablan, hará que resaltes ante sus ojos y le harás sentir como si fuesen la única persona en el mundo, la jugada número uno en el libro de Bill Clinton.

Ejercicio del Carisma #1:

Tu primer ejercicio es inventar un movimiento que puedas usar durante una conversación. Recuerda que mencioné que puedes frotar tu pulgar y tu dedo índice o ver la palabra "Presencia" de forma vívida flotando en el aire mientras de concentras en la persona hablando.

Una vez que hayas hecho esto, úsalo en una conversación con alguien. Acto siguiente, intenta y repite cada cuarta o quinta palabra silenciosamente a ti mismo mientras hablan. Enfócate en realmente estar presente mientras interactúan contigo. No mires a la televisión o tu teléfono – ni siquiera por un segundo. No solamente pases el tiempo esperando a que sea tu turno de hablar. Enfoca toda tu atención en ellos y permanece presente.

Con práctica, encontrarás eventualmente que no requerirás de dicho movimiento para enfocarte. Algo en tu cabeza gritará "Presencia" por sí sola tan pronto empiecen a hablar, y, por medio de la práctica constante, serás capaz de darles a todas las personas tu atención total.

Intenta esto una vez y síguelo haciendo en cada oportunidad que tengas. Descubrirás que es muy duro permanecer presente por un período de tiempo largo, pero mientras trabajes esta habilidad, te volverás mejor con ella.

2

Regla del Carisma #2

Aprende a escuchar

La siguiente regla del carisma es escuchar. La gente carismática SIEMPRE escucha más de lo que hablan. ¿Recuerdas a la novia de mi amigo que mencioné en la introducción? Bueno, ella era el opuesto exacto. Dominaba cada conversación con anécdotas e historias sobre ella misma. Tan pronto como alguien empezará a contar una historia, ella interrumpiría con una historia propia.

Mi amigo pensaba que eso la hacía carismática, pero no lo hacía. La gente carismática son grandes oyentes. Tienen la habilidad de dejar que las otras personas se encarguen de hablar y se sientan valoradas e importantes. Recuerda, el carisma consiste en cómo haces sentir a otras personas cuando están a tu alrededor. Nada hace a una persona sentirse más valorada que cuando alguien toma su tiempo para escucharle.

Tomarse el tiempo para escuchar a otra persona hablar, y más importante, dejarles terminar lo que están diciendo antes de que empieces a hablar es otra rara habilidad que te hará más carismático. Te hará resaltar de entre todas las demás personas, porque este arte tan simple es encontrado en comodidades raras actualmente.

Si eres como yo solía ser, puedes descubrir que eres culpable de sólo escuchar a medias a la gente cuando hablen. Por esto me refiero a que, usualmente, en el pasado (antes de que me enfoque en desarrollar mi carisma), tenía el vicio de escuchar a la gente hablar solamente para esperar mi pauta para entrar a la conversación con una respuesta o mi propia historia. De ahí en adelante, escucharía muy poco a lo que estaban diciendo. ¿Te familiarizas con esto?

El problema es que, cuando haces esto, se vuelve muy claro para la persona que está hablando. Puedes no estar muy pendiente de esto, pero los demás serán capaces de notarlo por tus expresiones faciales y contacto visual.

Escuchar a los demás cuando hablan y dar tu completa atención es vital si quieres mejorar tu carisma. Hay dos trucos simples que puedes utilizar que te ayudarán en esto. Primero, mientras estén hablando, intenta crear imágenes en tu cabeza con las palabras que están diciendo. En vez de sólo escuchar las palabras que están diciendo, haz una historia en tu mente, como si fuese una película contada de acuerdo con su diálogo.

Esto mejorará tu habilidad para escuchar inmediatamente ya que te ayudará a "ver" lo que están diciendo, así como recordar lo que contaron posteriormente.

Un resultado realmente poderoso de usar este proceso es que te guiará a preguntar cuestiones más inteligentes y perceptivas respecto a la historia de la persona.

En el pasado, puede ser que hayas asentido con la cabeza mientras pasabas por las mociones de escuchar a la gente, pero sin escuchar realmente. Sin embargo, lo que encontrarás con mayor probabilidad, es que harás películas mentales en tu cabeza mientras la persona cuenta su historia, te causará ponderar sobre los eventos y detalles de su historia. Si la persona te contaba sobre cómo se quedó atascada en el tráfico y ya habías empezado a hacer una película de esto en tu mente, puede ser que te preguntes "¿A dónde estaban conduciendo?".

Puedes preguntarle esto posteriormente, ya que estabas interesado genuinamente. Además, sería claro que estabas escuchando con intención y con interés genuino en su historia, en vez de solamente hablar esperando las pautas para hablar, como muchos hacen.

El segundo paso es que, también puedes hacer un esfuerzo de mantenerte concentrado durante 5 segundos completos hasta después de que hayan terminado de hablar, antes de que tú comiences a hablar.

Esto puede sonar extremo y parecer como una eternidad por esperar, pero haz un intento. Deja que las palabras de la persona se hundan y responde abiertamente. Es difícil enfatizar el increíble poder que esto tendrá sobre la persona con la que estés hablando. Sentirá que realmente le estás escuchando y entonces habrás respondido con tu parte de la conversación.

He descubierto que estos dos consejos han funcionado de maravilla para mí. Combinado con mi atención a estar más presente, noté que he empezado a escuchar más a la otra persona hablar en las conversaciones, ya que no me permito hablar hasta que la otra persona haya terminado. En el pasado, cuando tenía algo qué decir, dejaría de escuchar inadvertidamente al resto de su diálogo.

Podía captar las palabras, pero no les estaba escuchando a ellos, y ciertamente no hacía una película mental mientras iba con ellos. El resultado era que les causé poco o ningún efecto. Esto, en contraste, tenía un efecto sobre mi habilidad de presencia, y en vez de escucharlos, mi mente vagabundeaba a otros lados pensando sobre mi parte de la conversación.

Ejercicio del Carisma #2

Tu siguiente ejercicio es tener una conversación con alguien, y, mientras hablen, intenta crearte una imagen mental o una película sobre lo que esté diciendo. Si te contaron una historia sobre el tráfico, créate una vívida imagen de esa persona sentada en su auto, esperando en el tráfico.

Te sorprenderás por la claridad con la que hablarás con la gente y realmente conseguirás conectar con ellos, de una manera en la que no habías experimentado antes. Entonces, espera unos 5 segundos completos luego de que terminen de hablar para empezar a hablar.

Por supuesto, no quieres hacer que esto luzca raro o perturbador. Para asegurar que no hagas esto, asegúrate de mantener una expresión amigable en tu cara. Descubrí que tener una sonrisa gentil (si la situación lo permite), o asentir con la cabeza lentamente en conformidad ayuda a evitar cualquier rareza que pueda resultar de retrasar tu respuesta luego de que hablen. Mantén contacto visual también, mientras esperas por tu turno de hablar. Esto hará parecer como si estuvieses dejando sus palabras hundirse.

Créeme cuando te digo que esos cinco segundos se sentirán como una eternidad cuando intentas este ejercicio por primera vez, pero, mientras más los practiques, podrás ver el poder que tiene detrás. Sigue construyendo por encima de esta habilidad con cada conversación en la que te encuentres.

3

Regla del Carisma #3

Sé consciente de tu lenguaje corporal

La siguiente regla del carisma es tu lenguaje corporal. Es bastante evidente que, sin el lenguaje corporal correcto, es virtualmente imposible ser carismático. La razón de esto es muy simple. Piensa en alguien que sepas que es carismático. Imagínatelo en tu cabeza ahora mismo. ¿Cómo luce esa persona? ¿Encorvada, deprimida? Lo dudo seriamente.

Cuando te imaginas a esa persona en tu cabeza, ¿tienen una mueca en la frente o están sonriendo con una calidez invitadora?

. . .

La gente carismática sabe que el lenguaje corporal es importante, y se enfocan en asegurarse de proyectar el adecuado.

Todo comienza con la postura correcta. Se aseguran de que están parándose a lo alto, con la espalda recta y sus hombros hacia atrás. La gente carismática no se encorva o se sienta con sus hombros en una posición redondeada. Mantienen sus cabezas en alto mirando directamente a la persona con la que están hablando. Nunca doblan la espalda o miran hacia el piso. Esto proyecta auto confianza inmediatamente. Retrata una imagen de seguridad.

Ahora mismo, mientras lees estas palabras, intenta trabajar en tu postura. Mantén tus hombros hacia atrás y asegúrate de sentarte bien. Si eres un encorvado nato, esto puede tomar algo de tiempo acostumbrarse, pero es vital que te enfoques en esto si quieres mejorar tu carisma.

. . .

El segundo elemento importante del lenguaje corporal que la gente carismática ha dominado son las expresiones faciales.

Pocas veces verás a estas personas con muecas en sus caras. Usualmente tendrán una sonrisa notable o una apariencia calmada, con calidez y amabilidad.

Las expresiones faciales pueden ser una de las partes del lenguaje corporal más difíciles de dominar, ya que usualmente se realizan subconscientemente, es decir, sin que la persona note que las está haciendo.

Lo sé por mi experiencia, la gente me ha comentado haberme visto durante el día con una cara molesta o malhumorada. Me he sorprendido algunas veces por esto, ya que casi nunca estaba de ese humor. La realidad es que probablemente estaba pensando en algo más, o mi mente estaba en otro lado, y estaba ignorando completamente el hecho de que estaba haciendo una mueca. Las expresiones faciales son muy importantes en el mundo del carisma.

· · ·

La tercera habilidad importante del lenguaje corporal en la que quiero que te enfoques es en tu caminar. Cada persona carismática camina con certeza. Esto proviene de la confianza que cargan consigo mismos. Caminan con un propósito, en vez sólo desplazarse lentamente. Asegúrate de caminar de forma asertiva.

El último aspecto del lenguaje corporal que quiero que desarrolles son tus manos. La gente carismática usa sus manos cuando están hablando o contando una historia. Si piensas en algunos de los mejores oradores que has visto, notarás que usan sus manos para expresar la historia. Todos usan gestos poderosos con sus manos mientras están explicando su punto. Esto es algo que puede hacer más vívida tu forma de hablar, haciéndote lucir más dinámico y con poco esfuerzo extra de tu parte.

Ejercicio de Carisma #3

El siguiente ejercicio es trabajar en tu postura. Cuando te encuentres en tu siguiente conversación, asegúrate de que tu postura inspire confianza y orgullo. Siéntate enderezado, asegúrate de no encorvarte. Ponle mucha atención a esto.

Acto siguiente, querrás estar completamente consciente de tus expresiones faciales. Empieza pasando un poco de tiempo en frente de un espejo cada día (no tiene que ser por mucho tiempo), y bríndate una enorme sonrisa. ¡En serio! Sonríete. Nota como tus ojos y tu cara se entusiasman. Lucirás más carismático y amistoso automáticamente.

Por supuesto, no estoy diciendo que deberías caminar todo el día sonriendo como un idiota. De hecho, si hicieses esto lucirás completamente estúpido.

Obviamente hay un tiempo y lugar para sonreír, pero ciertamente es algo de lo que debes estar más consciente. Sonríe tanto como puedas en una conversación y mientras vas en tu día a día. Esto proyecta calidez, una parte vital de ser carismático. Ya hemos discutido sobre que el carisma trata sobre cómo haces sentir a los demás sobre sí mismos, y ser cálido y amistoso hará que la gente en tu vida se sienta genial y quiera pasar tiempo a tu alrededor.

. . .

Una vez que has pasado algo de tiempo trabajando en estos ejercicios, quiero que practiques tu caminata. Suena como algo raro por hacer, pero inténtalo. Camina con certeza y propósito, en vez de sólo desplazarte lentamente.

Por último, usa tus manos cuando hables. La mejor forma en la que desarrollé esta habilidad es hablando enfrente del espejo y trabajando en el movimiento de las manos. Es muy fácil una vez que te haces el hábito. Tómate 5 minutos ahora para contarte una historia a ti mismo y simplemente usa tus manos para resaltar tu punto. Mientras más lo hagas, más natural y dinámico lucirás.

4

Regla del Carisma #4

Conversa de forma brillante

La gente que emana carisma es interesante, y tienen muy buenas conversaciones. Requerirás mucho tiempo para encontrar a una persona carismática que sea "opaca" o "aburrida". De hecho, creo que las palabras "aburrido" y "carisma" son un oxímoron.

Ser un gran conversador, de hecho, es más fácil de lo que piensas en términos de ser más carismático. Por supuesto, puedes asegurarte de tener conocimientos y tener un excelente conocimiento general. Esto siempre te hará un mejor conversador porque te permite contribuir más a conversaciones.

. . .

Si tienes el tiempo de hacer esto y quieres construir tu conocimiento sobre varios temas, eso es fantástico. El único pormenor es que puede tomar algo de tiempo. Te recomiendo practicar la lectura en tu tiempo libre, sobre todos los temas posibles. Nunca puedes ser demasiado sabiondo, pero por supuesto, es un largo camino.

La buena noticia es que hay otra manera más rápida que puede mejorar tus habilidades de conversación, y no requiere lectura de ningún tipo. De hecho, tampoco requiere mucha habla, irónicamente.

La gente está más interesada en ellos mismos que en cualquier otra persona, y siempre será más responsiva al sonido de su nombre. Estos son dos puntos del carisma vitales que este capítulo tocará.

¿Recuerdas la anécdota en el capítulo introductorio sobre los dos políticos británicos que llevaron a la misma mujer a cenar? El que hizo a la dama sentir la persona más interesante en el planeta terminó ganando la elección.

Las personas carismáticas saben que los demás están más interesados en ellos mismos que en cualquier otra cosa. Ya sea que lo admitan o no, es muy probable que el tema favorito de una persona en todo el mundo sea, bueno... ellos mismos.

Si quieres mejorar tus habilidades de conversación, intenta enfocar la conversación sobre la persona y menos en ti. He visto esto ser referido como "Jiu-Jitsu Social" ya que, en esencia, estás aplicando una forma de arte marcial, solamente que, en vez de ser física, es verbal y social.

El Jiu Jitsu Social es el arte de hacer que la gente hable sobre sí mismos sin ni siquiera notarlo. Un experto del Jiu Jitsu Social está completamente fascinado con tu historia de tus vacaciones, qué hiciste el fin de semana o qué harás el siguiente. Quieren saber todo lo que haces en el trabajo y cómo conseguiste ser promovido a dónde estás. Anhelan saber todo sobre tu familia y cuáles son tus metas.

. . .

¿Has tenido alguna vez una experiencia con un experto del Jiu Jitsu Social? Si la has tenido, puedes encontrar que tuviste una excelente conversación por diez minutos, sólo para darte cuenta de que no aprendiste nada de esa persona. De hecho, tras la reflexión, te das cuenta de que tú hiciste todo el habla y esa persona te hizo sentir muy importante.

El paso más grande para volverte un experto del Jiu Jitsu Social es simplemente hacer preguntas más cautivadoras a la persona con la que estás hablando y escucha con atención, mientras todo el tiempo permaneces presente y asegurándote de que tu lenguaje corporal es fuerte.

Deja que los demás hablen, y cuando terminen sus diálogos, responde y continúa con más diálogo que dirige la conversación de vuelta hacia ellos, alentando a que sigan hablando sobre ellos mismos. Una vez que has aprendido algo sobre ellos, pregunta *cómo* lo lograron. Pregunta *qué* aprendieron al respecto y *cómo* tú puedes alcanzar la misma meta.

Te sorprenderás cómo esto puede hacerte parecer

más interesante. Tan irónico como suena, la gente te encontrará más interesante y disfrutará más de estar a tu alrededor, simplemente porque les permitiste liderar la conversación y hacerles sentir interesantes.

Tuve esta experiencia de primera mano hace algunos años. Estaba en una fiesta y empecé a platicar con una mujer que acababa de conocer. Su nombre era Erin. Al final de la fiesta, mientras conducía a casa, pensé sobre lo amigable, cálida e interesante persona que ella era.

Cuando reflexioné al respecto e intenté descifrar qué exactamente fue lo que me gustó de ella, De repente me di cuenta de que no sabía nada sobre ella. Todo el tiempo yo estuve hablando con Erin, ella estuvo girando la conversación de vuelta a mi dirección y me alentó a hablar sobre mí mismo.

Le conté sobre dónde trabajaba, lo que hacía por diversión, mis pasatiempos, mis metas, etcétera. Compartí historias pasadas con ella, y hablé abiertamente por mucho tiempo. Mientras reflexionaba, me di cuenta de que ella había hablado muy poco, pero de alguna forma sentí como si ella fuese muy interesante y disfruté mucho de estar con ella. Me di cuenta de que fui una víctima del Jiu Jitsu Social y que adoré cada minuto de ello.

Erin era una maestra en esta habilidad, luego aprendí que todos la admiran por eso. A donde sea que ella fuese, hacía que la gente con la que hablaba se sienta como si fuese la más importante en todo el mundo. La gente que conocía que sabía sobre Erin sólo tenía buenas cosas que decir sobre ella.

Por otro lado, solía trabajar con una señorita que era exactamente lo opuesto de un experto del Jiu Jitsu Social. Usualmente nos tomábamos un descanso de alrededor de 15 minutos cada día, donde los empleados se sentaban alrededor de una mesa y charlaban.

Esta chica se encargaba de dominar la conversación por esos 15 minutos, siempre dirigiéndose a sí misma. Si alguien más empezaba una historia sobre un tema en particular, ella interrumpiría con una experiencia similar. Si alguien empezaba a hablar sobre qué iba a hacer el fin de semana, ella interrumpiría y le diría a todos cuáles son sus planes.

Muy seguido, ella terminaría hablando el 80% del descanso, mientras que los demás empleados simplemente podían sentarse y escucharla. Irónicamente, ella pensaba que emanaba carisma y se sentía el alma de la fiesta, pero, para el resto de nosotros, nos parecía muy dominante, ruidosa y grosera.

La gente adora hablar sobre ellos mismos. No lo digo de forma arrogante, pero es la verdad. Si quieres parecer más interesante a una persona y mejorar tus habilidades de conversación, intenta enfocarte en dirigir la conversación de vuelta hacia la persona con la que estás hablando, en vez de dirigir la conversación hacia ti (como ella lo hacía).

Esta técnica es una de las más grandes habilidades que una persona carismática tiene en su armamento. ¿Te acuerdas de Bill Clinton y cómo él hace que la gente se sienta como la única persona en la habitación cuando les habla? Es porque él los mira a los ojos y sigue dirigiendo la conversación de vuelta hacia ellos. Él alienta a las personas a seguir hablando sobre ellos mismos y escucha con atención y hace preguntas importantes.

Una segunda herramienta poderosa que puedes usar para mejorar tus habilidades de conversación es usar el nombre de las personas mas seguido. Obviamente no querrás usarlo demasiado al mencionarlo cada segunda frase, pero al mencionarlo de vez en cuando, les hace sentir más importantes. Es especialmente poderoso cuando lo usas como inicio de la conversación. Al saludar, asegúrate de decir "Hola, Armando", en vez de solamente "Hola". Suena como un detalle menor, pero sólo añadir su nombre a tu saludo crea una impresión más poderosa.

Enlazada a esto se encuentra la importancia de recordar el nombre de una persona. Noté el impacto completo de esto hace dos años, y ha dejado una impresión duradera en mí.

Había conocido a alguien brevemente por un par de minutos en una función de ventas de oficina. No trabajamos en el mismo departamento, y como resultado, nuestros caminos nunca se cruzaron por alrededor de 3 semanas luego de eso. De repente, pasamos cerca del otro en el corredor una mañana. Sin ni siquiera pestañear, la persona dijo "Buen día, Gary", mientras caminaba cerca de mí.

Todavía puedo recordar lo muy sorprendido que estaba de escucharle decir mi nombre. Aunque me acordaba de él por la conferencia, había olvidado por completo su nombre, pero, de alguna forma, él se había encargado de recordar el mío.

Este suceso inesperado creó una impresión duradera en mí, y desde ese día, me esforcé más por recordar los nombres de las personas y usarlos donde pueda. Encuentro que la mejor manera de hacer eso, es hacer una rima sobre el nombre de las personas cuando las conozco, o incluso mejor, asociar su nombre con otra persona que conoces muy bien con el mismo nombre. Imagínate a la otra persona y a esta persona juntas en la misma imagen y di su nombre algunas veces hasta que se plasme.

. . .

Adicionalmente, cuando la gente carismática habla, también parecen tener cierta destreza con las palabras. Tienden a utilizar palabras como "nosotros" en vez de "Yo". Si estuviesen en un grupo de amigos, ellos dirías algo como "Deberíamos ir a XZY restaurante", en vez de "quiero ir a XYZ restaurante". La simple diferencia es que "Nosotros" crea un sentido de unidad, contrario a "Yo", que tiene una imagen más individual asociada. La elección de "nosotros" hace sonar como si el usuario tiene los intereses del grupo en consideración y no los suyos, una habilidad común de la gente carismática.

Ejercicio del Carisma #4

Tu siguiente ejercicio es tener una conversación con alguien, enfocarte en dirigir la conversación de vuelta a ellos para que realicen la mayoría de la charla. Por supuesto, querrás mantener la charla natural, y obviamente tendrás que hablar tú mismo para hacer esto, pero cuando veas que estás hablando más que los demás, simplemente mueve la conversación de vuelta, haciendo una pregunta o mostrando interés por su opinión sobre un tema.

. . .

Un ejemplo podría ser que, si estás hablando con un compañero sobre tu día, en vez de apresurarte y contarle todo, aliéntalo a que hable sobre su día.

Escucha con atención y deja que continúe hablando. Si te pregunta sobre tu día, cuenta un poco al respecto y redirige la conversación, siempre dejando que las demás personas hablen más que tú. Haz preguntas que empoderen, utilizando *cómo* y *por qué*. La gente carismática coloca la luz del reflector sobre otras personas. Nunca olvides eso.

5

Regla del Carisma #5

Visión y tus metas

Puede que no esperes encontrar un capítulo sobre "metas" en un libro sobre carisma, pero la realidad es que la gente carismática tiene metas. Es así de simple.

Ellos saben a dónde están yendo y saben qué quieren en la vida. Si les preguntas qué quieren lograr dentro de 12 meses desde hoy, serán capaces de comentar una lista de logros en 5 segundos. Si les preguntas qué quieren hacer dentro de 10 años, podrán hacer lo mismo. No se desplazan a lo largo de la vida como lo hace un gran porcentaje de la gente. Son enfocados, motivados y claramente tienen metas definidas que quieren cumplir durante su tiempo en este planeta.

No es mi intención transformar este proyecto en un libro sobre metas, pero el poder de las metas realmente no puede ser subestimado. Puede que hayas escuchado esto antes, pero créeme cuando te digo que es la verdad.

Creo que las metas son muy importantes por la simple razón de que, cuando empiezas a alcanzar tus metas y empiezas a obtener cierto éxito, sin importar qué tan pequeño o grande, descubrirás que empiezas a cambiar como persona por el bien. Una vez que te das cuenta de que las metas que te has puesto son posibles y te volverás adicto a ellos y tu forma de pensar cambiará por completo. Ya no serás una persona tímida y quieta viviendo bajo las sombras de la vida. No te faltará dirección y motivación. En vez de ello, descubrirás que te volviste más confiado y feliz de superar un obstáculo. Estas son características importantes de la gente carismática.

. . .

Te darás cuenta de que, en vez de gastar tu tiempo hablando sobre otras personas o quejándote, tendrás cierta visión positiva sobre la vida y atacarás cualquier reto que se meta en tu camino. Cuando piensas sobre gente realmente carismática, estoy seguro de que este es el tipo de visión que tienen. Hacen parecer todo muy fácil.

Se desplazan a lo largo de la vida de un logro hacia otro, amados y alabados por la gente a su alrededor. ¿No te gustaría tener estas características también?

El establecimiento de metas es crucial si te quieres transformar en una persona más carismática. Sin volver esto en un capítulo aburrido sobre perseguir tus sueños, que estoy seguro de que ya has leído antes en otros libros, me gustaría llevarte a lo largo de una estrategia para establecer metas y cómo puedes usar esto. Una vez logrado, te diré cómo aplicar esto en una de tus más grandes metas… volverte una persona más carismática.

Puedo prometerte que tu vida cambiará cuando realmente empieces a enfocarte en tus metas. Empezarás a transformarte en la persona que siempre has querido ser, simplemente porque empezarás a conseguir el éxito.

Mientras que este éxito puede ser pequeño al principio, el simple hecho de haber logrado una meta que te hayas puesto te llevará a ponerte metas más grandes y ambiciosas. Una vez que alcances estas, podrás instaurarte incluso más metas, incrementando tu confianza todo el tiempo.

Cuando conoces a alguien que está trabajando en alcanzar sus metas, esta característica es muy notoria. Tienen una pasión por la vida y parecen tener una chispa en los ojos.

Me gusta mantener mi proceso de establecimiento de metas muy simple. He leído muchos libros sobre establecimiento de metas y, mientras que algunos han sido excelentes, he creado mi propia fórmula, que me funciona muy bien.

. . .

Hay cuatro pasos en mi proceso de establecimiento de metas. Donde siento que muchos libros sobre este tema caen cortos, es cuando ponen mucho énfasis en establecer GRANDES metas que te reten. Mientras creo que esto es importante, e incluso vital si quieres alcanzar tu potencial, he encontrado que puede ser dañino para tu éxito si no es realizado correctamente.

El problema con establecer metas grandes y jugosas es que usualmente tendrás dificultad relacionándote con ellos. Una cosa es escribir la meta de ganar $100,000 al mes al final del año, pero si actualmente ganas $2,000 al mes, tu cerebro tendrá dificultad creyendo que esto será posible. Encontrarás que realmente no crees posible alcanzar esa meta, empiezas a perder interés y por ende carecerás de la motivación requerida para moverte en la dirección correcta.

Antes de comenzar con mi fórmula para establecer metas, creo que hay un elemento crucial que necesitas realizar antes de incluso empezar a planteártelas.

Primero debes crear una visión general. Necesitas crear un plan maestro. Piensa en esa visión como la gran acumulación de todas tus metas. Tu visión encasilla todas tus metas en un solo resultado poderoso, si lo quieres poner de esa forma.

Personalmente creo que esto es vital para alcanzar tus metas ya que descubrí que, antes de que haya creado una visión para mí mismo, perdería interés en mis metas si las encontraba demasiado difíciles, o si no tuviese mucho éxito alcanzándolas. Determiné que tendía a rendirme ante el primer obstáculo que encaraba. Mirando hacia atrás, me doy cuenta de que el problema era que no tenía una visión general. No podía ver cómo mis metas se enlazaban y cómo impactarían mi vida en general.

Así que la primera cosa que hice fue crear mi visión. Piensa en la imagen final, donde quiero terminar eventualmente una vez que haya alcanzado mis metas.

Mi visión puede ser algo como vivir en una hermosa casa de 6 habitaciones con mi esposa e hijos. Dirijo mi propia compañía que genera $100,000 al mes. Uso una porción del dinero para dar a organizaciones de caridad para ayudar a las personas que lo necesiten. Estoy en buena forma porque entreno en mi gimnasio privado cada día. Tengo relaciones increíbles con mi familia y amigos y les hago sentir como si fuesen las personas más importantes en el mundo cuando están cerca de mí. Emano carisma y tengo una personalidad magnética, que atrae a mucha gente a mi vida. Un día, cuando yo ya no esté, la gente recordará que les hice sentir bien cuando estaban a mí alrededor.

El curso de tu visión puede diferir, pero este es sólo un ejemplo de mi visión general. Resume dónde me veo a mí mismo dentro de 20 a 30 años desde hoy.

Ahora que he creado mi visión general, rompo esta visión en pequeños pasos, conocidos como metas. Estas metas serán los pasos que necesito tomar en orden de alcanzar la gran visión que he creado para mí mismo.

La belleza de esto es que, si no alcanzo alguna de mis metas, simplemente me acuerdo de mi visión general e inmediatamente me siento entusiasmado y con poder.

En el pasado, me he establecido una meta de perder 10 kilos. Cuando fallaba en seguir la dieta, me rendía y me volvería impotente, pero luego de crear una visión, me recuerdo que mi meta, a la larga, es estar en la mejor forma. Esto significa que, a pesar de que he fallado en esta meta de fitness en particular, todo lo que necesito hacer es comenzar de nuevo y seguir haciéndolo. Eventualmente, si hago esto lo suficiente, alcanzaré mi visión general.

Esencialmente, tu visión encasillará todas tus metas a la vez y te mantendrá motivado cuando colisiones con los obstáculos inevitables en el camino.

Ahora que he creado mi visión, me enfocaré en mis metas. Mi proceso tiene algunos pasos. El primero es determinar mis "Metas Anuales", que son una serie de metas que quiero cumplir para el 31 de este año. Estas metas que actualmente están un poco fuera de mi alcance. No las he alcanzado todavía, pero sé que con algo de trabajo duro y enfoque puedo cumplirlas para el final del año. Si actualmente gano $2,000 al mes, puedo establecerme la meta de ganar $5,000 al mes. Entonces recopiló una lista de una variedad de metas, de logros financieros, de salud, de carisma y de estilo de vida.

. . .

Entonces creo lo que se conoce como una tabla de visión. Esto es simplemente un juego de imágenes que he encontrado en línea para cada una de mis metas. Un buen ejemplo de una de mis metas actuales es agendar unas vacaciones a Nueva York para el fin de año. Así que mi tabla de visión tiene una hermosa imagen de la ciudad.

También tengo imágenes de mis metas financieras, de salud y todo tipo de imágenes inspiradoras. El truco es encontrar imágenes que realmente te inspiren y capten tu atención. Encuentra imágenes que hagan tu sangre fluir y provoquen emoción cuando las observes.

Estos dos pasos son vitales para alcanzar mis metas. El hecho de que he establecido mis metas que están solamente fuera de mi alcance significa que sé que son alcanzables y no perderé mi enfoque. Mi tabla de visión me recuerda cómo lucirá alcanzar mis metas y cómo se sentirá, cosa que tiene un impacto poderoso. Recuerda que estas metas de corto plazo están todas dirigidas a alcanzar mi visión de a largo plazo.

Acto siguiente, repito el proceso, sólo que esta vez me establezco lo que yo llamo "Mis metas de 10 años". Como el nombre lo sugiere, estas son las metas que quiero cumplir dentro de 10 años. Pueden ser algo como ganar $100,000 al mes o vivir en un hermoso hogar de 6 habitaciones. Son lo que yo consideraría enormes metas, que actualmente parecen encontrarse a kilómetros de distancia, pero aun así las establezco. Entonces realizo una tabla de visión con estas metas, conteniendo imágenes inspiradoras.

Ahora, aquí es donde el verdadero poder viene. Al establecer metas anuales, pero también metas de una década, me aseguro de mantenerme enfocado, mientras también recuerdo pensar en grande y apuntar hacia las estrellas.

He encontrado que, al enfocarme en mis metas anuales, mientras que al mismo tiempo recuerdo dónde quiero estar dentro de 10 años, las dos agrupaciones de metas empiezan a alinearse una con la otra más y más cada año.

Si has alcanzado la meta de conseguir $5,000 al mes para el fin del año, entonces establece una nueva meta anual de ganar $10,000 al mes por el siguiente año. Año tras año, he encontrado que mis metas se acercan más y más a mis metas de 10 años.

Todavía tengo la ambición de tener estas grandes metas de trasfondo, pero el verdadero poder viene de enfocarme en mis metas de a corto plazo y marcarlas cada año.

Hago esto en mi iPhone. Puedes usar un pedazo de papel si lo deseas, pero realmente quiero mantener esta lista en mi teléfono para que pueda tenerla conmigo a donde sea que vaya.

Cuando tengo la oportunidad, abro la lista en mi teléfono y leo mi lista de metas. Esto me recuerda que estoy intentando lograr y qué me gustaría obtener. Entonces paso unos minutos simplemente observando mi tabla de visión, dejando que las imágenes se sumerjan.

Mi más grande consejo es escribir tus metas cada día y en tiempo presente. Cuando hago esto, también escribo el margen temporal en el cual me gustaría alcanzar cada una de mis metas.

Aquí hay un ejemplo de mi lista:

"Compro una casa fácilmente y empiezo a renovarla para el 31 de diciembre del 2020".

En este ejemplo, puedes ver que he usado la palabra "fácilmente". Esto es importante, ya que reafirma en tu mente que alcanzarás esta meta sin importar cuáles son. Entonces especifico mi meta y establezco un rango de tiempo.

Sólo toma 5 minutos hacer esto. Posteriormente me aseguro de leerlas algunas veces a lo largo del día.

Esto suena demasiado simple para funcionar, pero créeme cuando te lo digo, no subestimes el poder de esto. Me di cuenta de lo poderoso que es este proceso cuando decidí establecerme encontrar un trabajo nuevo, que pague una suma más grande que el que tenía.

Escribí mi meta exactamente en el formato anterior, especificando el salario que obtendría (alrededor de $30,000 al año más de lo que ganaba), y el margen en el cual encontraría el trabajo. ¿Me creerías que me ofrecieron un trabajo que pagaba exactamente esa suma en menos de 2 meses de haber escrito esa meta?

Siempre había sido escéptico respecto al establecimiento de metas y, a pesar de que me agradaba la idea, no estaba convencido de qué tan útil era. Esto cambió cuando tuve esta experiencia. Escribí la meta cada día y en menos de dos meses lo había conseguido. Todavía puedo recordar el sentimiento poderoso que fluyó a través de mí cuando obtuve la llamada telefónica ofreciéndome el trabajo. Me senté en la cama asombrado y pensé "Esto funciona, me pregunto qué otras metas me puedo establecer. ¿Qué más podría lograr si escribo todo y me enfoco en ello?"

Entonces añadí metas adicionales, algunas más retadoras y, desde entonces, había empezado a tacharlas de mi lista.

¿Cómo funciono esto?

Bueno, definitivamente no soy un experto en establecimiento de metas, pero creo que al escribir mi meta cada día y noche, planté la semilla en mi subconsciente. Por supuesto, este trabajo no salió de la nada. Tuve que subir mi currículum a muchos sitios web en línea, pero si no me hubiese establecido esa meta, no habría tenido el deseo de buscar otro trabajo. No habría subido mi currículum a dichos sitios, no habría buscado trabajos que paguen ese salario y no habría recibido esa llamada telefónica del reclutador. Básicamente habría permanecido en mi antiguo trabajo.

No solo eso, pero también tendría el mismo sentimiento de no estar logrando lo suficiente. Seguiría plagado por mis pensamientos, siempre pensando si podría ganar más y preguntándome cómo podría brindar una mejor vida para mí y para mi esposa.

En vez de eso, ya no tengo ese sentimiento. Esto me hizo sentirme más confiado y ser más extrovertido.

También me ayudó a tener la inspiración y confianza para perseguir otras metas más ambiciosas, que dirigen a un mejor estilo de vida para mí y para mi esposa, así como haber incrementado mi confianza y carisma incluso más a la larga.

Ese es el verdadero poder del establecimiento de metas. Tus metas no aparecerán de la nada, pero lo que hace es forzarte a enfocarte en lo que quieres, para luego encargarte de cumplirlas lenta y firmemente. Si nunca me hubiese establecido la meta de ganar $30,000 más de lo que ganaba, no me habría molestado en aplicar para trabajos pagando ese salario.

Sí, este libro es sobre carisma, pero el hecho es que el establecimiento de metas puede hacer crecer tu carisma, porque cuando empiezas a cumplir tus metas y te das cuenta de que puedes obtener lo que sea en lo que te enfoques, tendrás más confianza en tu habilidad. Esto dirige a un incremento en carisma.

De hecho, una de mis metas era volverme más carismático. Pensé mucho tiempo en qué necesitaría hacer para volverme más carismático. Fue entonces cuando se me ocurrieron las reglas de este libro y las escribí en un papel. Me establecí la meta de trabajar en estas reglas cada día y pude empezar a construir mis habilidades de carisma. Sabía que esto era posible porque ya había logrado muchas de las otras metas en mi lista.

Asegúrate de escribir tus propias metas cada día y leerlas. Te enfocarás en ellas automáticamente y te sorprenderá cómo empezarás a actuar para alcanzarlas. Dicen que el éxito reproduce éxito, pero también conlleva a ser más carismático.

Ejercicio del Carisma #5

Quiero que pases los siguientes 20 minutos en un área silenciosa y pienses profundamente en qué quieres en la vida. Crea una visión para ti mismo. Tu plan maestro.

Ahora, quiero que pienses en qué metas necesitas cumplir 12 meses en adelante para cumplir esta visión.

Piensa en todas las áreas diferentes de tu vida y qué te gustaría cumplir. Piensa en tus finanzas, relaciones, carácter, ocio y vacaciones, tu salud, tus hábitos, entre otros.

Ahora crea una lista con cada una de estas metas.

• • •

Aquí hay otro ejemplo de mi lista de metas actual:

"Dejar de morderme las uñas para el 31 de diciembre del 2020".

"Mi esposa y yo nos vamos de vacaciones a Nueva York para Año Nuevo"

"Reviso mis reglas del carisma todos los días y hago a la gente sentirse bien para el 31 de diciembre del 2020"

Escribe cada una de tus metas de esta forma. Las mías están en mi teléfono, pero puedes apuntarlas donde desees. Asegúrate de que una de tus metas sea revisar las reglas del carisma para continuar desarrollando tus habilidades con las personas.

A continuación, pasa algo de tiempo haciendo una tabla de visión que contenga imágenes inspiradoras de tus metas. Una vez más, mantengo estas en mi teléfono en un documento para que lo tenga conmigo todo el tiempo. También observo mi tabla de visión varias veces al día y me ayuda a enfocarme. Inmediatamente puedo sentir mis niveles de carisma aumentando cuando esto ocurre.

Ahora, repite el proceso con tus metas de 10 años. Escríbelas y crea una tabla de visión una vez.

Un ejemplo puede ser "Poseo una hermosa casa de dos pisos para el 20 de noviembre del 2020"

Comprométete a escribir ambos juegos de metas en otro papel o en tu teléfono cada noche. Solo debería tomarte 5 minutos a lo mucho. Este es un paso importante en el proceso, ya que te mantiene enfocado y te recuerda constantemente lo que quieres alcanzar. Suena como un paso inconsecuente, pero es la clave para todo el proceso.

Una vez que hayas hecho esto, quiero que pases algo de tiempo aplicando este método en tu carisma. Cómo lucirás, cómo te escucharás, cómo harás sentir a la gente y cómo interactúas con los demás. Entonces divide esta visión en metas de corto y largo. Tus metas de corto plazo deben enfocarse en los primeros 3 capítulos de este libro hasta que las hayas dominado. Tal vez quieras afinar tus habilidades para escuchar hasta que mejores.

Sigue haciendo esto todos los días y te sorprenderás por cómo tu carisma empieza a crecer, así como también tu confianza, mientras te das cuenta de que las pequeñas cosas que no creías alcanzables ahora lo son.

Descubrirás que el establecimiento de metas está en la agenda de casi todas las personas carismáticas en el planeta. Asegúrate de que esté en la tuya igual.

6

Regla del Carisma #6

Necesitas Ejercitarte y Vestirte Bien

La gente carismática viene en todas las formas. Desde el líder dinámico en tu lugar de trabajo vestido en traje y corbata, hasta la estrella deportiva o el actor de Hollywood. He conocido a gente delgada que enciende la habitación, así como personas con sobrepeso que obtienen la atención de todos.

El carisma puede tener una variedad de apariencias, pero una muy buena forma de incrementar el tuyo, es poniéndote en forma y vistiéndote mejor. No necesitas lucir como un atleta profesional o un modelo y no necesitas comprar trajes y corbatas caras, pero presta atención a tu apariencia y haz lo que sea para sentirte bien por cómo luces.

Cuando estás en buena forma y vistes ropa que luce bien en ti, te sientes muy bien. Cuando te sientes bien, automáticamente te vuelves más carismático. De hecho, podría decir que es virtualmente imposible ser carismático si no te sientes bien en tu propia piel. Inténtalo como tú quieras, tu inseguridad se mostrará eventualmente y mejorará tu carisma.

Una de mis metas (mencionadas en más detalle previamente) es salir a correr o ir al gimnasio al menos 4 veces a la semana. Mi meta no es lucir como un fisicoculturista o un jugador de fútbol, pero busco estar en forma y sentirme bien con la forma que luzco. Actualmente estoy embarcándome en un reto donde hago lagartijas todos los días. No importa cuántas haga, la meta es simplemente hacerlas todos los días.

Algunos días hago 10, luego otros 10 y tal vez otras 10 luego de bañarme. Otros días hago series de 30 en 30 en diferentes horas. Y en otros días hago 10 en total cuando el día no me permite hacer más.

Mi idea es que, si hago esto de forma consistente, dentro de 365 días debería estar en plena forma. Puede que no luzca como un modelo de portada, pero sé que estaré más tonificado y en forma que actualmente. También sé que me sentiré mejor respecto a cómo luzco y cómo encajan mis atuendos, que, a cambio, me ayudarán con mis niveles de carisma.

Si no estás feliz con la forma en la que luces, nunca es tarde para empezar a hacer algo al respecto. Establécete una meta de ejercitarte de 3 a 4 veces a la semana o haz algo similar a mi rutina de lagartijas. Si te sientes débil y no crees poder hacer lagartijas, hazlas de forma asistida con tus rodillas. Lentamente, pero de forma segura, empezarás a construir fuerza en tus brazos y encontrarás que, eventualmente, serás capaz de realizar una lagartija completa. Una vez que puedas hacer esto, continúa construyendo encima de tu éxito para seguir haciendo lagartijas todos los días.

También me gusta asegurarme de que tenga ropa que encaje bien y me haga sentir bien cuando la lleve puesta. No compro ropa cara, pero sí la más cómoda y adecuada.

Hace unas semanas compré una camisa Polo. Sólo me costó alrededor de $30 (que no es mucho cuando consideramos cuánto paga la gente por ropa), pero cuando la utilicé la semana pasada se sintió como llevar un millón de dólares puestos.

La camisa me queda bien y, gracias a ello, hace que mis hombros luzcan más marcados y definidos. Incluso me dieron cumplidos.

Suena bastante simple, pero es muy importante asegurarte de sentirte bien con la forma en la que luces si vas a construir tus niveles de carisma.

Ejercicio del Carisma #6

Tu siguiente tarea es idear un plan de acción para ponerte en forma. No necesitas tener abdominales marcados (aunque sería genial si pudieses lograrlo), pero idear un plan de ejercicio que te haga moverte más y poner tu cuerpo en forma.

Esto ocasionará una reacción en cadena sobre la forma en la que te sientes sobre ti mismo, que es vital si quieres mejorar tus niveles de carisma.

Mi plan de trabajo actual es hacer lagartijas cada día. He instalado una aplicación en mi teléfono que cuenta el número de días desde que empecé este reto. Actualmente me encuentro en el día 183 y planeo continuar con esto indefinidamente. Como ya había mencionado, no tengo el número específico de lagartijas que tengo que hacer cada día. Descubrí que, cuando me vuelvo muy ambicioso o específico con mis metas de ejercicio, termino perdiendo el interés como resultado de hacer demasiadas cosas.

Así que mi meta es hacer "algunas" lagartijas diariamente. Algunos días, puedo llegar a hacer un total de 200 a lo largo del día, otros días puede que sólo haga 10. La mayoría de los días comenzaré con 20 lagartijas tan pronto salga de la cama. De esa forma, sé que, sin importar lo que pase, he hecho mis lagartijas del día. Mi meta es vivir una "Vida de lagartijas". Mi pensamiento detrás de esto es que, de aquí a un año, definitivamente luciré mejor que actualmente, y sólo me toma unos minutos al día.

• • •

Es rápido y gratis. Formula tu propio plan de ejercicios y toma acción hoy mismo.

7

Regla del Carisma #7

Responsabilízate y nunca te quejes

O<small>TRA CARACTERÍSTICA</small> clave de la gente carismática es que nunca los escucharás quejarse sobre nada. Son como un rayo de luz positivo que brilla a donde quiera que vayan.

Esta gente sabe que quejarte no te lleva a ningún lado. Por supuesto, no estoy sugiriendo que deberías dejar que la gente te pisotee y no te defiendas una vez que te antagonicen, pero me gustaría enfatizar que nunca verás a gente carismática quejarse sobre las cosas del día a día. No es una característica que tienen.

. . .

Quedarse atrapado en el tráfico, lavar la ropa, limpiar la casa... Nunca los escucharás quejarse de cosas triviales como estas. En vez de eso, ellos pueden hacer un comentario como "uff, el tráfico estuvo fatal esta mañana". Esto diferente a "Odio el tráfico en las mañanas. No es justo que me tenga que sentar por 45 minutos todos los días. Desearía que el tráfico no fuese tan horrible."

La razón de esto es que el carisma y el éxito van mano a mano y requieren una determinada forma de pensar. Esta mentalidad exitosa simplemente no se mezcla bien con las quejas.

En vez de ello, la gente carismática se adueñara y tomará responsabilidad por todo lo que les ocurra.

Saben que están en completo control de sus vidas y que su éxito y su futuro están en sus manos. Su visión de la vida no es que "las cosas les ocurren a ellos", sino que "las cosas ocurren DEBIDO a ellos". Ellos están donde están en sus vidas en este momento ya sea por las cosas que han hecho o las que no han hecho todavía.

Esta es una muy buena actitud por tener y es una actitud que la mayoría de los ganadores tienen.

Cuando comienzas a tomar responsabilidad de tu vida y en dónde te encuentras, te encontrarás tomando las riendas de tus planes y metas y hacer lo que sea que necesites hacer en orden de construir la vida que quieras. Esto, en cambio, dirige a un sentimiento de apropiación, el cual conlleva al carisma.

Ejercicio de Carisma #7

El siguiente ejercicio es pensar sobre los eventos que te han dirigido a donde estás en este momento en la vida. ¿Por qué vives dónde vives? ¿Por qué trabajas dónde trabajas? ¿Si no estás trabajando, por qué será esto?

Por supuesto cada uno de los eventos que ocurren es tu culpa, pero el punto es que tienes el poder de cambiar lo que sea y el 99% del tiempo estás en dónde estás por las decisiones que has tomado y las que no has tomado en tu vida.

Toma por ejemplo quedarse atrapado en el tráfico. Realmente no es tu culpa que el tráfico se está moviendo lentamente, piensa al respecto... Hay millones de personas más que no están atrapadas en el tráfico. ¿Por qué tú lo estás? ¿Por qué estás de camino al trabajo? Todas las decisiones que has tomado en la vida te han llevado al trabajo en el que estás. Esto ha resultado en que estés atrapado en el embotellamiento. ¿Puedes ver a qué me refiero? No intento redirigir la culpa o señalar tus errores, pero si estás atrapado en el tráfico es porque estás yendo al trabajo, de una forma u otra, es porque trabajas dónde lo haces. Te apuesto a que tienes varios amigos que no están atrapados en el tráfico.

La gente carismática se apropia de cada aspecto de sus vidas y es importante que empieces a hacer esto también.

Piensa profundamente en por qué estás donde estás en tu vida y decide qué harás para mejorar tu situación. Decide que, de ahora en adelante, tomarás responsabilidad por todo y nunca te quejaras por las cosas insignificantes del día a día.

Una vez que hagas esto, te sorprenderás por cómo

te dejas llevar de forma diferente. La gente notará este cambio positivo en ti y te encontrarán más carismático y amigable inmediatamente.

¡Nunca te quejes!

8

Regla del Carisma #8

Haz brillar a otras personas

Así como toman la responsabilidad por todo lo que les ocurre y nunca se quejan al respecto, las personas carismáticas se especializan en hacer cumplidos a otras personas y ayudarles a obtener halagos. Ya que el carisma es la habilidad de hacer a la gente sentirse increíble, una buena forma de lograrlo es haciendo cumplidos cuando se los merecen.

No sugiero que mientas o que seas falso, sino que deberías ser muy consciente de cuándo han hecho algo bien o dieron todo su esfuerzo. Cuando esto ocurre, la gente carismática siempre se asegura de hacerles saber que están haciéndolo bien. Esto suena como algo simple y obvio de hacer, pero te sorprenderás de lo poderoso que esto puede ser y del efecto cálido que puede tener sobre una persona.

¿Cuándo fue la última vez que alabaste a alguien en tu vida? ¿Cuándo fue la última vez que le dijiste a alguien que estabas orgulloso de esa persona o que estaban haciendo las cosas bien?

Para mí, fue ayer en que le agradecí a mi esposa por recordar comprar más pasta de dientes. Se nos estaba acabando en los últimos días y ya me estaba cansando de exprimir hasta la última gota del tubo (Estoy seguro de que ya has estado ahí también). Cuando fue mi turno de lavarme los dientes ayer, encontré una nueva pasta de dientes en el lavabo. Sólo costó unos dólares y es algo que se compra millones de veces a lo largo del mundo todos los días, pero en ese momento me sentía extasiado de ver un nuevo contenedor enfrente de mí.

. . .

Grité hacia el corredor a mi esposa mientras me cepillaba los dientes, "eres una campeona por comprar la pasta de dientes".

Su cara se enrojeció y podía notar que ella lo había apreciado. Suena trivial, pero tuvo un enorme impacto en ella en ese momento.

Son las pequeñas cosas las que hacen a la gente sentirse muy bien y la gente carismática les sube los ánimos a otros.

La gente carismática también son maestros de iluminar y hacer resaltar a otras personas, en vez de tomar toda la gloria y el crédito ellos mismos. Incluso en una situación de equipo, verás que dirán cosas como "Gracias, pero fui realmente suertudo de tener a XYZ trabajando conmigo en este proyecto".

Esta increíble modestia hace que la gente a su alrededor se sienta valiosa e importante.

. . .

Intento hacer esto tan seguido como pueda en mi propia vida cada día. Si alguien visita nuestro hogar y hace un cumplido respecto a la decoración, les hago saber que "es el trabajo de mi esposa".

Claro, puede que haya tenido una parte del crédito, pero hacerle cumplidos a mi esposa enfrente de otras personas la hace sentir bastante bien, gracias a todo el reconocimiento recayendo sobre ella. En esencia, tomo el reflector y lo muevo para que brille sobre ella.

Si alguien me hace un cumplido sobre mi camisa, les digo que mi esposa la compró para mí, en vez de decir "gracias". Es una pequeña diferencia, pero puedes ver el enorme impacto que puede tener en una persona.

¿Cuándo fue la última vez que le hiciste un cumplido a una persona?

No hablo de hacer un cumplido obvio sobre las cosas que han hecho bien, sino de los que son inesperados, como hacer un comentario sobre su sonrisa o su visión de la vida.

Piénsalo. No te cuesta absolutamente nada hacer esto y puedes aumentar la confianza de esa persona masivamente. Otra forma de decirlo sería que le das a esa persona ese "sentimiento cálido y cómodo". Esa es otra forma de definir el carisma.

Recuerda alguna ocasión en que alguien te hizo un cumplido inesperado. ¿Mejoró tu día? ¿No te hizo sentir mejor?

Cuando comenté que el carisma es una habilidad simple que cualquiera puede aprender al principio de este libro, a esto me estaba refiriendo. La gente piensa que ser carismático requiere que tengas un factor "wow" mítico, pero no es así. Requiere que hagas las cosas simples que la mayoría de la gente toma por sentado.

Darle a alguien un cumplido inesperado o alabarlos por algo que han hecho bien es ridículamente fácil de hacer y sólo toma unos minutos de tu tiempo, pero no muchos de nosotros realmente lo hacen.

. . .

La gente carismática lo hace todo el tiempo.

Ejercicio del Carisma #8

Añade esta habilidad a tu caja de herramientas carismática enfocándote en ello por los próximos días.

Empieza dando cumplidos inesperados a alguien. Recuerda no ser falso o careciente de sinceridad, sino resaltando sus aspectos positivos. También querrás asegurarte de no hacer demasiados cumplidos con la misma persona, ya que puede perder su efecto si lo haces muy seguido.

Cuando alguien te haga un cumplido, comparte el crédito con cualquiera que te haya asistido si puedes hacerlo.

Trabaja en esto los siguientes días hasta que se vuelva un hábito. Hazte la costumbre de buscar lo positivo en la gente.

Dile a tu compañero que luce muy bien cuando sea

el caso, diles a tus hijos lo orgulloso que estás de ellos y de las personas en que se han convertido. Brinda cumplidos a la gente que se los merezca. La gente carismática hace eso, y estarás en el camino de volverte alguien así.

9

Regla del Carisma #9

Debes sonreír desde tu interior, sé humilde y amable.

AL INICIO DE ESTE LIBRO, mencioné a la novia de mi amigo que, para algunas personas, incluyendo a mi amigo, pueden haber considerado erróneamente como carismática. La realidad es que ella estaba siendo ruidosa, impulsiva, llena de sí misma y dominante. Después de 20 minutos de conocerla, ya me había contado cuánto ganaba al año.

. . .

Esto es lo opuesto a lo que deberías buscar cuando intentas incrementar tus niveles de carisma.

La gente carismática tiene cierta confianza en ellos mismos, de tal forma que no necesitan ser el centro de atención. No necesitan alardear sobre sus logros. Ciertamente, ellos no pasan la tarde completa contándote sobre ellos mismos sin molestarse en preguntar unas preguntas sobre ti también.

Sé humilde, la gente carismática es humilde. Nunca te echarán en cara su éxito sin preguntarte sobre el tuyo. ¿Has conocido a una persona para descubrir posteriormente que han logrado algo increíble?

Aquí tienes una anécdota que nunca he olvidado.

Una vez conocí a un tipo por medio de unos amigos míos, quien en el momento me parecía una persona normal. No era particularmente carismático, aunque era amable. Si les soy completamente honesto, debo confesar que pensé que probablemente tenía un trabajo de poca paga.

No alardeaba y nunca mencionó qué hacía para ganarse la vida. Algunas semanas después, él surgió en una conversación cuando hablaba con otros amigos.

Pregunté de qué trabajaba este tipo, ya que le quería preguntar, y me quedé en shock cuando me dijeron que tenía su propio negocio y hacía más dinero que yo en un año.

No lo habrías adivinado si lo hubieses conocido. Inmediatamente tenía mucho respeto por él. He conocido a mucha gente exitosa en el pasado, pero estas personas usualmente alardeaban información sobre ellos sin que nadie les preguntará. Este tipo era tan humilde y sencillo que no podía estar más que impresionado por él durante unos meses posteriormente. A 5 años del suceso, todavía recuerdo este incidente, ya que dejó una impresión grande en mí 15 años después, he perdido todo el contacto con Jamie.

Busca siempre ser humilde. Nunca presumas tus logros. Es más atractivo para otras personas cuando descubren que has logrado algo increíble sin que tú les digas primero.

Sé amigable y sonríe desde adentro. Las personas carismáticas siempre son amigables y proyectan cierta calidez cuando interactúan con la gente. Hacen que la gente quiera estar a su alrededor porque tratan a otros cómo les gustaría ser tratados.

Aunque no siempre es posible ser amigable todo el tiempo, si quieres ser carismático entonces necesitas proyectar calidez y amigabilidad tan seguida como puedas. Tienes que hacer a otras personas sentirse bien en tu compañía.

Cuando estaba en la universidad, este muchacho, llamémoslo Jamie, tenía todo a su favor. Era alto, apuesto, bueno en los deportes y las chicas lo amaban. Parecía tener la vida resuelta y se podía comer al mundo.

Sólo que había un problema que encontré en él. Odiaba cómo me sentía cuando estaba en su compañía. Nunca fue descortés conmigo y nunca me dijo o hizo nada horrible, simplemente no era muy amigable tampoco. Nunca sabía cómo sentirme cómodo cerca de él.

Jugaba en el mismo equipo deportivo que él, pero ya que nunca fue cálido conmigo, nunca pasé mucho tiempo con él fuera del deporte.

Algo interesante fue que, a pesar de que era popular en el equipo deportivo (ya que era muy buen jugador), él no tenía muchos amigos. Parecía que no era la única persona sintiéndose un poco inseguro en su presencia.

Este muchacho tenía al mundo a sus pies, pero su poca amabilidad y calidez lo mantenían anclado.

En contraste, había otro muchacho en el equipo que nunca parecía dejar de sonreír. Tenía el tipo de sonrisa que sólo podría describir como "venida desde adentro". Siempre estaba brillando, sin importar la situación. Este tipo no tenía la misma atractividad que Jamie. No era alto y no era tan buen jugador. No era particularmente apuesto y no tenía mucha suerte con las chicas, pero tenía veinte veces más amigos que Jamie y recuerdo disfrutar estar en su presencia.

Puede que él sea un millonario encargado de su propio negocio y no lo sé. Puede estar casado con hijos. Parecía ser el tipo de muchacho que le iría muy bien en la vida. Una cosa que sí sé es que 15 años después todavía recuerdo cómo me hizo sentir. Todavía recuerdo que nunca me sentí cómodo en su presencia y esto me ha enseñado una lección valiosa cuando se trata de lidiar con la gente.

Procura ser cálido y amigable siempre que sea posible. Sonríe desde adentro y busca hacer a la gente sentirse bien en tu presencia.

Ejercicio de Carisma #9

Enfócate en ser cálido y amigable cuando puedas. Sonríe desde adentro y busca lo bueno en las personas. Busca momentos mágicos todos los días y estate pendiente de cuánta abundancia y bondad hay en tu vida. Imagina un tipo de halo angelical encima de tu cabeza brillando. Esto te ayudará a proyectar amabilidad y calidez cuando puedas.

Esto puede no funcionar para todos, pero tu tarea es inventar algo que te recuerde irradiar calidez y amabilidad. Puede ser un halo o una cita que leas varias veces al día.

Trabaja con lo que es tuyo y entonces ponlo en uso.

Enfócate en ser el tipo de persona que la gente adora tener en sus vidas por su amabilidad y generosidad.

La gente carismática ha dominado el arte de irradiar calidez y tú también puedes con un poco de esfuerzo y práctica.

10

Regla del Carisma #10

Conoce a todos

Varios años atrás, fui a la secundaria con un tipo llamado Sebastián. Él era el tipo de persona que sabías que siempre le iría bien en la vida. Él siempre lideraba todos los equipos deportivos en los que jugaba y tenía a todas las chicas de la escuela persiguiendolo. Su cabello rizado y dorado, piel bronceada y look de Hollywood tampoco le hacían daño.

Cuando hacía una fiesta de cumpleaños, sus pobres padres tenían que servir a 150 niños ya que era tan popular. Era un tipo genial, e incluso a la edad de 12 años, tenía carisma emanando de él.

. . .

Tristemente, cuando cumplió 13, Sebastián se transfirió a otra escuela más prestigiosa. Sus padres empezaron a ganar más dinero y justamente, consideraron que le debían darle una mejor educación que pudiesen costearse. Desafortunadamente, como resultado, no pude pasar mucho tiempo con Sebastián durante esas épocas, pero estuve pendiente de sus logros desde lejos. Naturalmente, terminó capitaneando todos los equipos deportivos en los que jugó durante la preparatoria y fue el alumno estelar de la escuela en su último año. Era todo un líder nato.

15 años después, Sebastián es actualmente el director de una compañía de publicidad prestigiosa. Lo más tenebroso, pero no sorprendente, es que ha sido el director desde que tiene 27 años. A eso lo llamo tener éxito.

Sebastián es un ejemplo claro del poder del carisma. A lo largo de su vida, él tenía una cualidad magnética que solamente el poder de la palabra podía poseer.

Hace 12 años, cuando estábamos en nuestros 20's,

me encontré a un amigo que fue a la escuela conmigo y Sebastián. Mientras compartíamos unas cervezas, la conversación pasó a ser sobre Sebastián y de lo bien que le iba en la vida.

Esto fue antes de que yo sepa algo sobre carisma, y ciertamente antes de que sepa que era solamente una habilidad que todo el mundo podía aprender y dominar. Hice el comentario de que Sebastián sólo era uno de esos muchachos que tenía suerte y que había nacido con el don de la palabra.

Mi amigo estuvo en desacuerdo y pasó a compartir una historia interesante conmigo.

Un año o dos atrás, se encontró con Sebastián en una noche de salida. Ambos estaban en la misma ciudad para las vacaciones y ninguno había estado ahí antes.

Mientras charlaban, mi amigo notaba cómo mucha gente parecía caminar y reconocer a Sebastián. Como si él fuese uno de los locales y hubiese vivido ahí por años. En algún punto, alguien incluso llegó con una bebida para Sebastián y dijo "Hey, para ti, amigo", antes de ir con sus amigos.

Cuando mi amigo le preguntó a Sebastián cómo conocía a tanta gente, considerando que sólo había estado en la ciudad por unos días, él decidió compartir uno de sus más grandes secretos para el éxito. Explicó que, cuando él se encuentra en un evento social, ya sea un club, una fiesta o una parrillada, siempre se encargaba de introducirse con tantas personas como pueda. No hacía nada elegante, pero ya sea un chico o una chica, todo lo que hacía era caminar con una sonrisa y decir: "Perdona, no nos conocemos todavía, soy Sebastián", y estrechaba la mano.

Tras introducirse y apretar manos, pasaría un par de minutos charlando con su nuevo amigo. Él preguntaría a quién más conocían en esta fiesta, de dónde era y qué hacía para ganarse la vida. Básicamente sólo hacían algo de charla general, nada descabellada, como decía Sebastián.

. . .

Entonces, ¿por qué esto era un arma muy efectiva? La razón de por qué esto funcionaba muy bien era que lo hacía resaltar entre la multitud. No es muy seguido que alguien camine hacia ti y te diga "Hola" y converse. Sebastián se encargaba de no contar mucho sobre sí mismo y hacer todas las preguntas, lo cual alentaba a la otra persona a hablar de sí mismos.

Sebastián resaltaba del montón. Él era algo diferente para la mayoría de las personas que conocía. No tenía una agenda escondida o motivos ulteriores. Si estaba hablando con una chica, se aseguraba de no coquetear demasiado. Todo lo que quería hacer era decir "Hola".

Luego de dos minutos de charla, él le diría a la persona "fue un gusto conocerte" y les haría saber de manera cordial que necesitaba volver con sus amigos. Si alguien miraba a Sebastián, en unos minutos lo vería parándose, riendo y bromeando con otro grupo de personas.

Lo que mi amigo encontró sorprendente era que, por el resto de la noche, Sebastián fue tratado como una celebridad. La gente aparecería a su alrededor para hablar con él y a donde sea que fuese, incluso las chicas tendrían la mirada encima de él.

Este simple acto hizo a Sebastián muy memorable. Requiere confianza caminar hacia alguien e introducirse, aunque, irónicamente, no es tan difícil una vez que has hecho esto algunas veces. Sebastián sabía un secreto que la mayoría de la gente desconocía.

Sabía que la mayoría de la gente, ya sea que lo admitan o no, sufren algo de ansiedad cuando son colocados en una situación social con muchos extraños. Supo que usualmente, cuando esto pasa, la gente tiende a aferrarse a la gente que conocen y terminan pasando la mayoría del tiempo hablando con ellos, en vez de cambiar de ruta y conocer nuevas personas.

Esto no se debe a que no les gusta interactuar con personas nuevas o que no tienen nada qué decir. Es porque la mayoría de la gente es muy tímida para iniciar una conversación con alguien que no conocen.

Sebastián se tomó la molestia de romper el hielo por ellos y, una vez que había hecho eso, la conversación fluía naturalmente. Cuando era hora de que Sebastián pase a otro lado, la gente con la que hablaba se sentía muy bien ya que estuvieron 2 minutos hablando sobre ellos mismos y habían conocido a alguien nuevo. De pronto, habían encontrado nueva confianza social y toda la incomodidad y ansiedad se había removido gracias a la introducción amigable de Sebastián.

No tengo duda de que esta habilidad catapultó a Sebastián hasta ser el director de una compañía a la edad de 27 años. A donde sea que vaya, él sabe cómo hacer amigos y la gente se acuerda de él.

Entonces, ¿Qué puedes aprender de mi amigo Sebastián?

Él resalta de entre la multitud a donde sea que vaya. En corto, él emana carisma. Déjame asegurarte que el carisma de Sebastián no es accidental. El punto clave de la historia es que él se esfuerza por hablarle a tanta gente como pueda cuando se encuentre en una situación social. Se sale del camino para interactuar con ellos e introducirse.

Ejercicio del Carisma #10

Tu siguiente ejercicio es copiar del libro de Sebastián y hablarles a tantas personas como puedas cuando estás en una situación social. Para algunos de ustedes leyendo esto puede sonar abrumador o incluso hacerles sudar de las palmas, pero no te preocupes. Se supone que debe ser un ejercicio disfrutable y te ayudará a volverte una persona carismática instantáneamente. Sebastián le habla a tanta gente como puede ya sea que esté en un club nocturno, en un bar o en un juego de fútbol. Puede que estés sentado preguntándote "pero no soy tan extrovertido como Sebastián", y eso está bien, tampoco yo. Si la idea de salir a un bar o a un club te intimida, entonces no vayas. O si estás cómodo con ir a un club, pero no te sientes a gusto introduciéndote con extraños, ¡entonces, no lo hagas!

Puedes bajar el nivel y elegir un escenario en el que te sientas más cómodo. Cuando empecé a trabajar en este ejercicio yo mismo, hace algunos años, lo puse en práctica primero en un bautizo. Luego de la misa, nos reunimos en la casa del anfitrión por té y galletas. Con este ejercicio fresco en mi mente, estaba determinado a hablarle a tantas personas como pueda.

. . .

Conocía alrededor de 5 o 6 personas de entre 50 ahí, así que, naturalmente, empecé parándome con ellos en una charla grupal y haciendo algo de charla mientras bebíamos té. Gradualmente, mientras la mañana transcurría, me tomé la molestia de introducirme ante tanta gente como podía.

Mencioné anteriormente que la mayoría de las personas sienten un elemento de ansiedad al interactuar con extraños en una situación social y muy pocos están cómodos introduciéndose ellos mismos. En vez de eso, es más fácil permanecer en silencio y seguir hablándole a las personas que ya conoces. ¿Te has sentido culpable de esto? Sé que yo lo estaba en el pasado.

Este no tiene que ser el caso. Todo lo que necesitas hacer es casualmente decir las palabras "Lo siento, no te he conocido todavía, soy…"

Esta línea me ha servido como introducción con literalmente miles de personas en los últimos años y ha sido una enorme parte de construir mis niveles de carisma.

La clave es hacerlo natural. Cuando Sebastián se introducía en el club, él no se movía de una persona a la siguiente como si fuese la Reina conociendo a una multitud de seguidores. Lo mantuvo natural.

Una vez que había terminado de hablar con un grupo, él mencionaba de manera amigable que necesitaría volver con sus amigos y regresaría con ellos. Entonces, unos minutos después, él se dirigiría a otro grupo de personas que no haya conocido, tomar en mano y empezar a hablar con ellos de manera casual.

La siguiente vez que estés en una situación social, haz el esfuerzo para hablar con tantas personas como puedas. Piensa como si fuese un juego llamado "conoce la habitación". Imagina que eres la persona más carismática en la habitación y tu reto es hablar con tanta gente como puedas. Puede ser que haya alguien en tu oficina con quien te topes todas las mañanas y hayas querido presentarte.

Puede que te sientes al lado de la misma persona en el autobús, pero nunca hayas tenido las agallas para decir "hola". No tiene que ser en un bar o un club nocturno y no tiene que ser a un completo extraño.

Mi experiencia personal con esto fue que, a pesar de que me conmocionaba los nervios al principio, se volvía más y más fácil con todas las nuevas personas que conocía.

"Lo siento, todavía no te he conocido, soy…"

Encontré que mis habilidades de conversación mejoraron dramáticamente, y unas semanas después ni siquiera necesitaba pensarlo antes de acercarme a la gente e introducirme. Ocurría naturalmente. Se había vuelto parte de quién era yo.

He mencionado con anterioridad que siento que el carisma no consiste necesariamente ser el alma de la fiesta o hablar a extraños, pero sí es sobre interactuar con la gente. Este ejercicio no tiene que ser tratar sobre caminar hacia extraños al azar en clubes nocturnos o habládoles, pero si estás cómodo haciendo eso, entonces es mucho mejor para ti.

Este ejercicio consiste en practicar el arte de interactuar con las personas en el mismo ambiente social que tú. Una vez que hayas hecho esto, te volverás más carismático automáticamente, ya que tu confianza crecerá.

Luego de suficiente práctica, te darás cuenta de que todos sienten un elemento de ansiedad social cuando son colocados en una habitación llena de extraños y la mayoría de ellos esperan a que alguien rompa el hielo. Si puedes ser la persona que lo haga apacigüe su ansiedad, te volverás más memorable en sus ojos.

1. Decide qué estás jugando a "Conoce la Habitación" a donde sea que vayas

1. Identifica tu siguiente oportunidad social.

1. Imagina que eres la persona más carismática de la habitación.

1. La próxima vez que estés en un evento y el momento sea adecuado, simplemente di "perdona, pero no te he conocido, soy..".

1. Mientras les hablas, charla de manera casual y confiada. Recuerda hacer preguntas de tal forma que ellos te hablen sobre sí mismos.

Práctica esto tan seguido como puedas. Luego de un par de semanas, empezará a volverse un hábito y descubrirás que tenderás a introducirte con las personas sin pensarlo o preocupándote por ello. Se volverá una parte de quién eres, una persona más confiada y carismática.

11

Regla del Carisma #11

Todos merecen tu atención

Puedes haber leído esta regla y pensar que suena similar a la anterior, pero tiene un diferente giro.

Cuando digo "préstales atención a todos", no me refiero a la gente que no conoces o que no has conocido. Hablo de la gente que conoces y ya tienes una relación establecida.

La mejor forma en la que puedo ilustrar mi punto es con otra anécdota que tomó lugar hace un año.

• • •

Estaba cenando en la casa de un amigo y empezamos a hablar sobre una parrillada a la que habíamos asistido el fin de semana anterior. Uno de nuestros amigos, Julián, había estado ahí. Ahora, Julián es el tipo de persona que parece más grande que la vida misma. Es un personaje exuberante. Aunque no emana carisma como Sebastián lo hacía, tiene ciertas habilidades carismáticas que admiro y trato de emular yo mismo.

Es el tipo de persona a la que todo el mundo gravita cuando entra a la habitación. Tanto mi amigo como yo tenemos mucho tiempo para Julián y disfrutamos mucho de su compañía.

Lo que encontré interesante, es que la esposa de mi amigo, llamada Marta, hizo un comentario en que sentía que Julián nunca le daba su tiempo o esfuerzo, y para ser honesto, ella nunca sabía dónde postrarse con él.

Ahora, puedo asegurarte de que, luego de conocer a Julián por varios años, es una persona muy bonachona como para tener un problema con Marta. De hecho, realmente no la conocía mucho como para tener algún problema con ella.

Le aseguré que ella estaba mal y que cualquier inseguridad que tenía fue sin querer. Después de todo, Julián era la persona más amable que cualquiera podría conocer.

Pero luego de una discusión con Marta, ella dijo que Julián nunca se tomó el tiempo de hablar con ella cuando estaban en un evento social. Dijo que él siempre era amigable, pero que parecía moverse hacia "otras" personas en una situación social, pero nunca hacia ella.

Encontré esto muy interesante. Siendo muy buen amigo de Julián, pensé que yo era una de las personas a las que él tendía gravitar en vez de hacia ella, así que nunca había tenido el problema de que él no me preste atención. Para ser honesto, no había notado que nunca le prestaba atención a Marta o a cualquier otra persona, pero había pasado por el mismo problema con otras personas anteriormente.

Ya sea o no que lo hayan hecho de manera intencional, no estaría seguro, pero ciertamente había experimentado con ocasiones donde sentía que alguien no se esforzaba conmigo para nada. Recordé cómo me hizo sentir.

De hecho, luego de que Marta lo mencionó, me di cuenta de que yo también era culpable del mismo crimen. De hecho, todos los somos. No quiénes están en una fiesta o reunión en particular, siempre habrá gente que te conoce mejor o disfruta pasar tiempo contigo. Esto sólo es natural.

El problema con esto es que, entonces, tendemos a pasar la mayor parte del tiempo con ellos y, muy seguido no le prestamos atención a nadie más. Mirando hacia atrás, puedo pensar en un número de estas ocasiones donde yo también he gravitado hacia un grupo de personas que me agrada, sin molestarme por prestar atención a alguien más que conozca.

Esta idea me pegó como una tonelada de ladrillos. Cuando regresé a casa esa noche, escribí todo esto en mi libro de carisma, y desde entonces ha sido una pieza vital de mi sistema del carisma. Nunca me había dado cuenta del poder de esforzarme por hablarle a todos hasta ese día. No tenía idea de que cualquier podría sentir de esa forma sobre Julián, pero Marta sí.

La siguiente vez que te encuentres en un evento social o una fiesta, no subestimes el poder de hacer un esfuerzo en pasar una pequeña porción de tu tiempo con todas las personas que conozcas. Si Julián hubiese sabido esto, habría tenido a Marta comiendo de su palma como todos los demás. Todo lo que tenía que hacer era pasar 2 minutos con ella y saber cómo se encontraba, saber qué había de nuevo en su vida, cómo había estado su semana. No toma mucho esfuerzo, pero puede hacer toda la diferencia.

¿Cómo debería utilizar esta regla del carisma?

Bueno, ahora, cuando tengo un futuro evento social, tengo el hábito de pensar en quiénes yo conozca, estarán ahí. Entonces pienso en algunos puntos de conversación que puedo establecer con ellos. Esto asegura que estén frescos en mi mente y, cuando veo a estas personas, recuerdo ir con ellos y decirles "hola".

. . .

Por ejemplo, el último fin de semana fui a una fiesta de cumpleaños y supe que la esposa de un amigo estaría ahí. También supe que ella había cambiado de trabajo recientemente, así que anoté tomarme el tiempo para preguntarle cómo le estaba yendo.

Cuando llegamos, naturalmente, la saludé, como lo había hecho con todos, pero luego, durante el día, cuando pasó cerca de un grupo con el que estaba charlando, me acerqué y la detuve agarrando su brazo y dije "¿Cómo te va en tu nuevo empleo? ¡Apuesto a que lo estás haciendo bien!"

Su cara se enrojeció con una enorme sonrisa y dijo "Muy bien, gracias por preguntar". Charlamos por algunos minutos antes de que ella se vaya.

La gente siempre nota este tipo de gestos. Pueden sonar simples y son muy fáciles de tomar por sentado, pero no subestimes el poder que tienen. Te puedo garantizar que, en sus ojos, ella me vio como alguien que se preocupa por los demás.

. . .

Esa simple pregunta fue probablemente uno de los mejores momentos de su día. Ella no le había mencionado su trabajo a nadie esa tarde, y no la había visto por un par de semanas, pero aun así me había encargado de preguntarle al respecto.

Son las pequeñas cosas las que te hacen resaltar para la gente y son también las que te hacen memorable.

Ejercicio del Carisma #11

Tu siguiente tarea es hacer un esfuerzo en pasar unos minutos con quien *ya conozcas* en tu siguiente evento social.

Por supuesto, querrás charlas con gente que no has conocido todavía, como fue mencionado en la regla anterior, pero el enfoque de este ejercicio es realmente concentrarte en la gente que ya conoces y darles tu atención.

1. Piensa en tu siguiente fiesta o evento.

1. Piensa en quiénes que conozcas estarán ahí.

1. Descubre qué hay de nuevo en sus vidas. Recuerda dirigir la charla para que sea sobre ellos y deja que ellos hablen.

1. No subestimes el poder de esto. Prestarle atención a la gente es una rara habilidad que te hará resaltar del resto.

12

Regla del Carisma #12

El Poder

OTRA CARACTERÍSTICA importante de la gente carismática es la cualidad del "Poder". De hecho, creo que está entre los aspectos más importantes del carisma. La razón por la que digo esto es que creo que es uno de los dos elementos que une a todas las otras reglas del carisma. El otro elemento lo tocaremos un poco después en otro capítulo, pero por ahora discutamos la importancia del "Poder" cuando se trata de ser carismático.

Puedes dominar todas las otras reglas del carisma ya mencionadas, pero si no tienes poder, simplemente vas a parecer amigable a las otras personas. Cuando piensas en una persona realmente carismática, estoy seguro de que ellas tienen un fuerte elemento de poder.

Esta es una de las más grandes diferencias entre las personas realmente carismáticas y la gente amigable en este planeta. Claro, el chico o la chica en el trabajo con quienes hablas en el comedor pueden ser extrovertidas y amigables, pero eso no las hace carismáticas. Llegaría tan lejos como decir que el valor que otras personas ven en tus otras habilidades de carisma, depende completamente de tu nivel de poder.

Sin poder, no eres más que una persona amigable que presta atención a la gente. Integra el elemento del poder también y de pronto eres una persona con importancia quien es *también* una persona amigable que presta atención a la gente. Esto duplica tu carisma instantáneamente.

¿Quién dejaría una impresión más grande en ti? ¿Una persona promedio que te presta atención y te hace sentir bien contigo mismo o el director de una compañía multimillonaria que te presta atención y te hace sentir bien contigo mismo?

Por ningún segundo estoy haciendo menos a la persona promedio, pero la verdad es que, mientras más poder tenga una persona, esta dejará una impresión más grande en otras personas.

La diferencia se encuentra en que, en vez de ser un cachorro obediente que sonríe y le habla a todo el mundo, serás ahora alguien que tiene valor e importancia que también tiene tiempo para sonreír y hablar con todos. ¿Ves la diferencia?

La buena noticia es que, tener poder, en términos de carisma, no significa necesariamente que seas físicamente fuerte o seas el presidente de tu país.

Poder, en términos de carisma, significa que tienes la habilidad de ser influyente e inspirar a otras personas a seguirte. No hablo del poder que hace actuar a otras personas por medio del temor. Hablo del poder que inspira a la gente, que los líderes usan para empoderar a los demás.

. . .

Son líderes no por título, sino porque tienen pasión y retratan una imagen de "Esto es lo que hago, este soy yo, y creo en esto... ahora, sígueme". Este es el tipo de poder que hace que las personas se emocionen y saque a la luz lo mejor de ellas.

La buena noticia es que este tipo de poder puede ser retratado a través de algunos medios básicos que son fáciles de aprender a poner en práctica.

Apariencia

Lo primero que querrás hacer es prestar atención a tu apariencia. Uno de los descubrimientos fundamentales que he realizado en los últimos años es que la gente acepta lo que sea que proyectes.

Si proyectas una imagen de vestirte con atuendos caros, la gente asumirá que tienes el dinero para costearte buena ropa y, por lo tanto, debes tener algo de poder para tener este dinero.

No digo que necesitas gastar una fortuna en ropa

(realmente no), pero me gustaría que te enfoques en la manera que vistes. Asegúrate de que tus prendas estén limpias y te queden perfectamente. Como un hombre, sólo utilizo ropa que encaje ya que abraza mi cuerpo y me ayuda a lucir más marcado de lo que estoy.

¿Te imaginarías a una persona carismática y poderosa vestida en ropa vieja que no le queda adecuadamente? Haz el esfuerzo de intentar añadir algún nuevo elemento a tu guardarropa tan seguido como puedas costearlo. Yo intento adquirir algo nuevo cada mes. No gasto una fortuna, pero compro de manera inteligente y compro la ropa que me queda bien.

El mes pasado, compré una camisa polo, y puedo decirte que me sentí como una persona nueva cuando la utilicé hace algunas noches. No fue muy cara, era sólo una camisa que quedaba muy bien y me hacía sentir bien cuando la usaba. Este es mi primer paso para lucir más poderoso.

Actitud y Comportamiento

La gente carismática que es realmente poderosa casi siempre es positiva y se deja llevar de forma calmada. ¿Te imaginas a una persona carismática gritando sobre detalles inconsecuentes? ¿La imaginas nerviosa o mordiéndose las uñas?

Una buena forma de hacerte parecer más poderoso es dejándote llevar de forma calmada y agraciada. Habla a un ritmo relajado en un tono calmante. Cuando alguien te pregunte algo, no te tornes muy emocionado y digas la respuesta en seguida. Tómate un segundo para pensar profundamente sobre qué dirás y entonces responde de manera calmada. La gente poderosa no se paniquea o habla muy rápido. No se ponen nerviosos o ansiosos tampoco. En vez de eso, muestran una imagen calmada, incluso cuando todo el mundo está encima de sus hombros.

Algunos de los mejores CEO's con los que he trabajado han sido algunas de las personas más calmadas y agraciadas en la organización, incluso a pesar de que han tenido la mayoría de presión y responsabilidad encima de ellos. Su habilidad para mantener la calma y gracia en todo momento es la razón número 1 por la que han logrado alcanzar las alturas que tienen en su carrera.

Extrañamente, también me he encontrado con que usualmente son las personas con menos paga las que han sido las más estresadas e iracundas. De la misma forma, este pensamiento cerrado es la principal razón por la que han tenido dificultad en progresar en sus carreras.

¿Haces lo mejor que puedes para permanecer en calma en todo momento? No importa cuál sea la situación o qué hay en riesgo, si es posible para el CEO de algunas de las compañías más grandes en el mundo hacer esto, entonces no hay excusa para que no hagas lo mismo.

Conocimiento e inteligencia

El poder también puede ser encontrado en volverte una figura de autoridad en un tema en particular. Ser la persona a la que todo el mundo recurre para obtener su consejo en tu campo de interés, o ser la persona principal con la que la gente va para saber algo, crea poder inmediato.

Por supuesto, no puedes saber todo, pero debes tener como misión saber todo lo que puedas sobre tu campo. Construye tu propio conocimiento de tal forma que los demás quieran ir contigo para obtener consejo sobre su tema de interés. Sé su principal fuente. Esta característica, combinada con los otros elementos de "Poder" que hemos discutido, aumentará tus niveles de poder instantáneamente.

Construir tu propia base de conocimientos también te dará confianza inmediata cuando estés en una situación en que la necesites.

Cuando conoces tus temas, se verá desde kilómetros atrás. Serás más atractivo en las discusiones y reuniones, también harás más preguntas y, lo más importante, estarás más inclinado a debatir y argumentar, diplomáticamente, por supuesto, tu punto de vista con otras personas. En vez de permanecer tímido y callado como lo harías cuando no sabes sobre un tema, serás más confiado y extrovertido, así como pareciendo más dinámico.

La confianza dirige a un carisma incrementado mientras te sientes más cómodo en tu propia piel, que es realmente de lo que trata el carisma.

Lenguaje Corporal

El lenguaje corporal también es un aspecto muy importante al crear una imagen de poder. No te encontrarás mucha gente mirando hacia el suelo evitando hacer contacto visual. En vez de ello, van a postrarse con los hombros hacia atrás y la frente en alto. Tienen un buen sentido de la postura y también toman todo el espacio en la habitación. No se paran de tal forma que serán ignorados, sino que se encargan de mostrar liderazgo en medio de la acción.

Agallas

Cuando me refiero a tener agallas, no me refiero a ser un pusilánime. La gente carismática nunca se la pasa ordenando a la gente qué hacer como si fuesen sus jefes, pero ciertamente no dejan que otras personas les hagan lo mismo. Tienen un carácter fuerte y un conjunto de morales y valores que los guían día a día.

Esto crea un fuerte sentido de autoconocimiento y consciencia sobre qué creen. Si sienten que alguien se está aprovechando de ellos, les harán saber.

Si sienten que alguien les está pidiendo hacer algo con lo que no están cómodos o que va en contra de su moral, dirán ello con amabilidad y rechazarán la propuesta.

Las personas carismáticas son muy seguras de sí mismas (nada arrogantes) y esto crea un fuerte elemento de poder, que, a cambio, conlleva a un aura irresistible. Ellos saben quiénes son, saben en qué creen y han vivido sus vidas bajo estos términos.

Ejercicio de Carisma #12:

Enfócate en las características de poder y las habilidades que ya hemos discutido en este capítulo. ¿Cuál implementarías en este momento? ¿Cómo implementarías las otras con el paso del tiempo? Práctica gradualmente cada una y hazlas parte de quién eres como persona. Esto tendrá un enorme impacto en tu "Nivel de poder", que, a cambio, incrementará tu carisma por mucho.

13

Regla del Carisma #13

"Actúa como si...": Visualiza y mentalízate

Sin duda, una de las habilidades más importantes que he aprendido en los últimos 5 años es el poder de la visualización y el poder de la mentalidad.

Cualquier éxito en la vida comienza con la mente y con visualización. Todo aquel que ha logrado lo podría recalcar.

Si no eres un fanático de la visualización o nunca lo has intentado antes, déjame asegurarte que, una vez que hayas leído este capítulo y hayas puesto sus principios en práctica tú mismo, habrás cambiado tu forma de pensar. Si lo has intentado en el pasado y no sentiste que obtuviste algo de ello, entonces puede ser que no lo estabas haciendo de manera correcta. Recorramos mi ritual diario para que puedas implementarlo tú mismo.

Sé que, cuando intenté visualizar en el pasado, lo primero que pensé fue que era una pérdida de tiempo por completo, y para ser honesto, pensé que era parte de este género de autoayuda que estaba teniendo popularidad actualmente.

Fue después de que empecé a leer los mejores libros de todos los tiempos como "Piense y Hagase Rico" de Napoleon Hill y el libro "La Magia de Pensar en Grande" de David Schwartz, que descubrí el verdadero poder de la visualización en tu vida diaria.

La razón por la que soy tan fan de la visualización es que te permite ver tu vida como quieres que sea. Está bien documentado que tu cerebro tiene dificultad viendo la diferencia entre la realidad y lo imaginado.

¿No me crees? Piensa en esto. ¿Has despertado de una pesadilla cubierto en sudor o temblando?

Una vez que hayas despertado, te habrías dado cuenta de que eras la única persona soñando y que nunca estuviste en peligro alguno, pero tu cuerpo y mente no lo sabían en el momento. Lo que sea que habías soñado parecía tan real en tu mente que tu cuerpo empezó a sudar y temer por tu vida.

¿Alguna vez has visto una película escalofriante y sentiste horror como si fueses el actor principal en la película? Mientras estabas sentado, petrificado, con el corazón acelerando millones de veces más, nunca estuviste en peligro alguno en la comodidad de tu sala, pero tu mente hizo a tu cuerpo creer que estabas en peligro.

Este concepto poderoso te permite usar el poder de tu mente y la visualización a tu ventaja. La clave es utilizar el poder de manera productiva.

La mente lo es todo, y te diré por qué lo creo. Imagina por un segundo que hay dos hombres de 30 años. Uno es muy exitoso y el otro no. Uno logra todo y el otro no. Uno de ellos dirige una compañía multimillonaria y vive en una hermosa casa, tiene una buena relación con su esposa e hijos, e irradia carisma. Está en muy buena forma ya que hace ejercicio 5 veces a la semana.

El otro hombre no puede mantener un trabajo, es perezoso y tiene sobrepeso; se la pasa acostado en su casa viendo televisión todo el día, no tiene ningún amigo, sigue viviendo con sus padres y no ha tenido una relación seria nunca.

Aunque ambos hombres tienen 30 años, viven vidas completamente diferentes.

Ahora, imagina si fuese posible tomar la mente del hombre exitoso y ponerla dentro del que no tiene éxito. De pronto, todo cambiaría. El hombre sin éxito empezaría a ejercitarse para ponerse en forma. Empezaría una carrera exitosa y sería capaz de costearse salir del hogar de sus padres. Podría irradiar carisma y empezar a atraer a las personas adecuadas a su vida. Dentro de un año o dos podría volverse una copia exacta del hombre exitoso, todo ya que tiene una diferente mente corriendo a través de su cuerpo.

Verás, nuestros cuerpos no son más que portales

para que nuestras mentes operen. No determinan quiénes somos o qué podemos lograr. Estos factores están determinados por nuestra mentalidad. Tendemos a olvidar esto y pensar que nuestros cuerpos son el factor determinante sobre quiénes somos como personas, pero la realidad es que son sólo controlados por la mente dirigiéndolos. En otras palabras, la mente lo es todo.

Así que, si este es el caso, ¿qué pasaría si fuese posible tomar la mente de una persona muy inteligente y ponerla en tu propio cuerpo? Imagina cómo tu vida empezaría a cambiar también. ¿Te imaginarías la mirada en las caras de tus amigos y familiares mientras empiezas a volverte una copia de una persona exitosa? Un concepto interesante, ¿no?

Cuando pensé en este concepto por primera vez, me voló la mente. No podía dejar de pensar en el hecho de que mi cuerpo podía lograr lo que sea si hubiese tenido la mente correcta dirigiéndolo. Este pensamiento se ha vuelto el fundamento de mi rutina diaria, la cual realizo cada mañana al despertarme y cada noche antes de irme a dormir. Te aliento a que la pruebes.

Mi rutina diaria

Comienzo observando una imagen de alguien que admiro. Esta persona puede ser alguien que conoces en la vida real o una celebridad. Para mí, esta persona emana carisma, es muy apuesta y tiene mucha confianza. Es alguien muy exitoso, teniendo la habilidad de cumplir cualquier meta que se proponga. Tienen un carácter y moral fenomenales, tratan a la gente con respeto y tienen todas las características que yo deseo. Es uno de los gigantes del planeta y vive su vida bajo sus propios términos.

Cierro mis ojos y me imagino a esta persona parada en la esquina, actuando de forma usual. La veo claramente, con todos sus manierismos y características de fortaleza. Creo esto como una imagen muy clara en mi mente. Es como si estuviesen en la habitación conmigo.

Entonces imagino que fuese posible tomar su mente y colocarla en mi cuerpo. De pronto, me vuelvo esta persona. Tengo la misma forma de ver la vida, su disciplina, su motivación, sus metas, su confianza y su carisma. Pienso en esto profundamente y realmente visualizo la nueva versión de mí mismo.

Por supuesto, no es posible realmente tomar su mente y colocarla en tu cuerpo, pero no hay nada que te detenga de emular o copiar su mentalidad.

Piensa profundamente en cómo ellos se comportarían si estuviesen en tu cuerpo protagonizando el show. ¿Cómo atacarían *tus* metas? ¿Cómo lidiarían con los problemas que *tú* encaras? ¿Cómo irradiarían carisma e interactuarían con la gente? Ahora intenta esto tú mismo. Visualiza su mente en tu cuerpo. Su mente ahora está dirigiendo tu cuerpo, y piensas, actúas y haces todo como ellos lo harían.

No tienes que imaginar solamente a una persona tampoco. A lo largo del día, siéntete libre de "tomar" la mente de cualquiera que observes y admires, e imagina que están tomando las riendas de tu cuerpo. Si conoces a alguien que tiene la motivación y la disciplina que admiras, imagina su mente utilizando tu cuerpo. Si conoces a alguien que sea un alma gentil y generosa, imagina su mente usando tu cuerpo cuando estés en una situación donde deberías ser generoso.

Por supuesto, estás leyendo este libro porque quieres sobrecargar tu carisma, así que piensa en la persona más carismática que conoces e imagina que su mente tomó el control de tu cuerpo la siguiente vez que interactúes con otras personas. ¿Cómo actuarías si este fuese el caso?

Podría parecer algo extraño, pero créeme que el esfuerzo valdrá mucho la pena. Toma algo de tiempo dominar la visualización, pero te encontrarás con que se vuelve más fácil mientras más lo hagas. Repásalo algunas veces ahora mismo. Tómate tu tiempo y piensa profundamente sobre la persona en la que te quieres convertir.

Al hacer este simple acto cada día, he encontrado que los efectos pueden cambiar la vida. Me di cuenta de que todo lo que quiero hacer en mi vida ya ha sido logrado por alguien más. No importa cuál sea la meta, puedo garantizar que, en alguna parte, hay alguien más que lo ha logrado. Todo lo que necesito hacer es imaginar que su mente está en mi cuerpo y ahora soy esa persona cumpliendo la meta de nuevo.

Esta práctica también está basada en una muy buena teoría llamada "La teoría de la actuación". Como el nombre lo sugiere, necesita que "actúes como si" fueses la persona que quieres ser. Necesita que "actúes como si" ya tuvieses las características que deseas tener. El pensamiento detrás de esto es que, al hacerlo, eventualmente desarrollarás y crecerás estos hábitos.

Al imaginar que eres capaz de tomar la mente de alguien que quieres ser y dejarlo dirigir tu cuerpo, estás aplicando este principio.

Me gustaría llevar esto un paso adelante haciendo dos cosas. Primero, también me gusta "actuar como si". Intento tomar la mentalidad de la persona que quiero emular y pensar como ellos piensen. Intento no solamente *actuar* como si tuviese las características que quiero, también intento *pensar* como si ya tuviera estas cualidades.

Segundo, así como "actúo como si" también tuviese las cualidades de la gente que admiro, intento enfocarme en "actuar como si" fuese la mejor versión de mí mismo. Sé que muy dentro de mí tengo todo lo que necesito. Es sólo cuestión de llevarlo a la superficie.

¿No me crees? Piensa en esto por un segundo. Hay un pequeño juego que me gusta jugar conmigo mismo tan seguido como pueda durante el día. Lo llamo "Pensamiento de 20" y consiste en lo siguiente.

Imagina que estás en una reunión y alguien te dijo, "te daré $20 millones si te introduces a esa persona y empiezas una conversación con ella".

Asume que esta persona es un multimillonario y es muy serio. Asume que están intentando demostrar el poder de la mente y está feliz de usar su dinero en esto.

Sería muy obvio hacerlo, ¿no? Sin duda caminarías hacia ahí sin pensarlo y comienzas una conversación. Probablemente dirías "Lo siento, no nos hemos conocido, yo soy..."

Por supuesto, este escenario es ficticio porque es muy poco probable que alguien te ofrecería esa cantidad de dinero, pero la idea de este simple juego es conectarse con el poder de tu mente, así como tu potencial completo.

Claramente, la meta de introducirte a alguien es que no sabes si no es el problema, ya que, si alguien te ofreciera $20 millones por hacerlo, lo harías. El problema es la forma en la que estás pensando en la meta.

El hecho de que puedes ser muy tímido y tener nervios cuando le hablas a gente nueva no importaría si alguien estuviese dispuesto a ofrecerte esa clase de dinero para iniciar una conversación. Esto nos dice que ya tienes todo lo que necesitas dentro de ti en orden de ser más extrovertido. Ya tienes la habilidad de conversar con extraños. Sólo necesitas la motivación correcta y el empuje adecuado. Necesitas la mentalidad correcta.

Básicamente, he descubierto que este juego sí revela la mejor versión de mí mismo. Me permite "actuar como si" fuese la mejor versión de mí mismo, empujando mis límites.

Si alguien más te ofreciera 20 millones para "actuar como si" fueses la persona más carismática del planeta por los siguientes 10 minutos, saltarías directamente en el personaje y te apuesto que irradiarías carisma. ¿Qué más podrías hacer si aplicases esta mentalidad cada día?

Si alguien te ofreciera $20 millones para escribir un libro dentro de los siguientes 3 meses, saltarías a la acción y trabajarías en ello hasta que estuviese completa. Si alguien te ofreciera $20 millones para salir a trotar 4 veces a la semana por el siguiente mes, te apuesto a que lo harías. El pensamiento de 20 extraerá de ti la mejor versión de ti mismo te catapultará a nuevos niveles de logro.

Todo lo que necesitas hacer es actuar como si alguien realmente te estuviese ofreciendo esa cantidad de dinero. Entonces aplícalo a las metas que te pusiste en uno de los capítulos anteriores. Esta es una de las mejores formas de hacer salir la mejor versión de ti. La versión que ya estaba enterrada dentro de ti todo este tiempo.

Aquí hay una lista rápida de cosas en las que puedes aplicar esta mentalidad todos los días preguntándote cuestiones motivadoras:

- Tu negocio y carrera
- Tu relación con tu esposa
- Tu salud
- Tus metas
- Tu carisma

Pregúntate cuántas veces puedes preguntarte, "si

alguien me ofreciera $20 millones para hacer esto, ¿cómo actuaría?"

Hazlo con todas las cosas que hagas. Supón que estás debatiendo ofrecerle a tu esposa una taza de café en la tarde. Si alguien te ofreciera $20 millones para ser el mejor esposo del mundo por una tarde, ¿qué harías? Vuélvete la mejor versión de ti mismo.

Déjame asegurarte que las ideas y teorías de la mente no son de la nueva era. Estas ideas se pueden observar siglos atrás, ya sea por parte de filósofos del Siglo XIX e incluso por parte de emperadores romanos de hace miles de años.

El poder de la visualización es utilizado por atletas y algunas de las personas más exitosas de toda la historia. ¿Sabía que antes de que Joaquín Phoenix fuese un actor famoso solía conducir a las colinas de Hollywood y observar la ciudad acostado en su auto?

Él se imaginaría a sí mismo como un actor famoso, viviendo su sueño. Incluso se escribía un cheque a sí mismo por $10, 000,000 y caminaba con él en su billetera, creyendo que ya era un actor rico y famoso.

En un estudio conducido por Harvard, a dos grupos les pidieron aprender una pieza de piano de 5 dedos.

La diferencia era que al primer grupo le enseñaron esta pieza físicamente por un par de horas a lo largo del transcurso de una semana, el segundo grupo sólo visualizó la pieza de piano. El resultado fue que casi el mismo cableo neurológico tomó lugar entre los dos grupos y luego de que la semana transcurrió, el segundo grupo fue capaz de tocar el piano tan bien como el primero.

¿Te imaginas qué podrías hacer si aplicas la visualización de esta forma?

No subestimes el poder de esta herramienta. Comprométete a trabajar en ello por los siguientes 30 días cada día. Visualízate convirtiéndote en la persona carismática que siempre has querido ser. Visualízate leyendo este libro y dominando cada una de sus reglas. Visualízate aplicando estas reglas en tu día a día. Pronto se volverán parte de tu rutina diaria y te sorprenderás cómo cambiarás como persona con este simple acto.

Dos palabras que harán subir tus niveles de carisma hasta las nubes

Hay dos simples palabras que me recito al menos 50 veces al día mientras transcurre, y cuando hago esto, me ocasiona un incremento instantáneo de carisma. Estas palabras son tan simples que puedes cometer el error de omitirlas por ser *demasiado simples* como para tener un efecto consecuente. Las dos palabras a las que me refiero son "Soy Responsable".

Ahora, déjame decirte porqué son tan poderosas y por qué funcionan tan bien para mí.

No importa en qué situación te encuentres, recordarte a ti mismo "soy responsable" te dará un surgimiento de poder inmediato a través de tu cuerpo y te recordará la persona fenomenal que piensas ser todo el tiempo.

Descubrirás que la gente carismática tiene la habilidad de sobrellevar responsabilidad sin importar la situación. No sólo me refiero a cargar con la responsabilidad de dirigir una compañía multimillonaria, sino de ser responsable de sus propias vidas y de los eventos diarios que se interponen en sus caminos. Sin realmente saberlo, es uno de los aspectos que los hace tan carismáticos y halagadores.

Imagínate una situación social en la que estás con un grupo de amigos, tomando algunas bebidas.

Notas que uno de tus amigos ha terminado la suya. "Soy responsable" te dices a ti mismo y ofreces con amabilidad rellenar su vaso. En el pasado, te has quedado sin hacer nada, apenas notando el vaso vacío, pero ahora te vas y regresas con una nueva bebida para lucir encantador y carismático.

Verás, mientras el carisma es esencialmente sobre

cómo haces sentir a la gente a tu alrededor, también consiste en tener una calidad dinámica y magnética que viene de tomar la responsabilidad de situaciones y liderar el camino. Tomar responsabilidad por cada situación en la que estás te ayudará a conseguir esto.

Imagínate de nuevo una situación en la que estás en un restaurante con amigos. Estás listo para realizar una orden, pero no puedes ver a ningún mesero por ningún lado. Todo el mundo se sienta sin ayuda. "Soy responsable", te dices a ti mismo y te levantas a la barra a preguntar por un mesero para que tome la orden. Esto también crea un elemento de poder irresistible, que ya hemos discutido en un capítulo anterior.

Tu casa es un desastre y necesita limpieza. "Soy responsable", dices, y tomas los pasos para resolverlo. El auto de tu esposa tiene poca gasolina. "Soy responsable", te recuerda y te diriges a llenar el tanque por ella. Estás en un cumpleaños y todo el mundo está parado con ansiedad sin interactuar con los demás. "Soy responsable", te dices, y rompes el hielo al decir "Hola todos, soy XXX, cómo todos se conocen". Nadie quiere la responsabilidad extra. El "Soy responsable" juega en tu mente y te alienta a tomar el reto.

¿Ves cómo la simple acción de tomar la responsabilidad te convertirá en la persona que quieres ser?

Tomar la responsabilidad es la característica

número uno que la gente carismática posee. Esta cualidad es lo que los hace lucir dinámicos y les da una cualidad magnética que la gente admira. Es importante denotar que, al tener la actitud de ser responsable, no estoy diciendo que deberías culparte cuando las cosas vayan mal. Por supuesto que no eres responsable por todas las situaciones que te ocurren a lo largo del día, pero hay un verdadero poder en actuar como si tuvieses la responsabilidad.

También es importante apuntar que, en orden de maximizar el efecto de esta estrategia, es vital que no le muestres a todo el mundo tu voluntad por tomar responsabilidad. El verdadero carisma viene de hacerse cargo de cada situación al decir "soy responsable", pero no buscar nada de aprobación posteriormente.

Simplemente sigue con tu día, como si tomar la responsabilidad fuese sólo una parte de quién eres. ¿Alguna vez has notado a alguien hacer algo encomiable pero luego le cuenta a todo el mundo sobre sí mismos en vez de dejar que sus acciones hablen por él? Esto reduce el efecto del logro. Es como la persona que hace todo el lavado de la cocina sin que le pregunten, pero entonces esparcen las noticias sobre su buena acción, en vez de que lo noten los demás. Esto reduce el efecto de la buena acción de forma dramática y la erradica completamente. Haz lo que puedas para actuar como si fueses responsable, pero no busques gratificación. Inmediatamente te verás tomando la responsabilidad por situaciones que nunca pensaste que eras capaz de cargar.

Ejercicio de Carisma #13:

Paso 1: Piensa en una persona carismática. Esto puede ser alguien conocido o una celebridad.

Paso 2: Cierra tus ojos e imagina que están actuando como siempre lo hacen. Rebozando carisma.

Paso 3: Ahora imagina que tomas su mente y la colocas en tu cuerpo.

Paso 4: Imagina cómo actuarías si su mente estuviese corriendo a lo largo de tu cuerpo. ¿Cómo interactuarías con la gente? ¿qué tan carismático serías?

. . .

Paso 5: Piensa en esto de manera profunda y piensa en ello seguido. Todo lo que haces cada día depende de tu visión y mentalidad.

Paso 6: Hazte el hábito de decir "soy responsable" muchas veces al día, tan seguido como puedas. Esto incrementará tu magnetismo automáticamente y te hará una persona más dinámica.

Haz esto una y otra vez hasta que se engrane en ti. Hazlo parte de tu rutina diaria.

Pasa un par de minutos haciendo este ejercicio de visualización todas las mañanas mientras te alistas para tu día y otra vez en la noche antes de ir a la cama. Ha tenido un enorme impacto en mi vida y ha incrementado mis niveles de carisma.

14

Regla del Carisma #14

El poder de los momentos mágicos

Todas las personas carismáticas que he tenido la fortuna de conocer han cargado con ellos lo que es conocida como "la actitud de la gratitud".

Puede que hayas escuchado este término siendo lanzado anteriormente, pero es básicamente el hábito de ser agradecido por las cosas que ya tienes en la vida, y es uno de los fundamentos del carisma.

La razón de esto es que, cuando eres agradecido por lo que tienes en la vida, tu cuerpo fisiológico, así como tu visión de la vida, cambia. Tiendes a caminar con un resorte en tus pasos y tienes una forma más positiva de ver la vida. Las cosas que te molestaban antes no parecen tan importantes y los retos que encaras no parecen inconsecuentes. El resultado entonces es que eres naturalmente más carismático porque proyectas calidez y amabilidad.

Proyectar calidez es una enorme parte del carisma. ¿Alguna vez has conocido a una persona carismática que no proyecte calidez y amabilidad?

Tan simple como suena la idea, desarrollar una actitud de gratitud requiere esfuerzo y un montón de práctica. Cuando consideré la idea por primera vez, encontré que es fácil ser "agradecido" y apreciar las cosas en mi vida por una hora o dos, pero luego de un tiempo, regresaría a mis viejos modos y olvidaría qué tan suertudo era en la vida. Me encontraría a mí mismo tomando las cosas pequeñas por sentado o quejándome de algo sin importancia, el tipo de cosas que la gente carismática no les da importancia.

Para superar esto, desarrollé mi propio método, el cual me permitió permanecer enfocado en este concepto y recordarme constantemente tener actitud de gratitud. Los llamo simplemente "Momentos Mágicos" y no es más que un ritual diario que llevo a cabo al final de cada día.

Mientras estoy acostado en mi cama, entrando en trance, pienso de vuelta a ese día en que intento identificar alguno de los mejores momentos del día, o "momentos mágicos". Estos no tienen que ser nada en especial y pueden cubrir un enorme rango de cosas como "Sentir el Sol en mi espalda mientras iba a casa desde el trabajo", hasta "sostener la mano de mi esposa mientras nos sentamos y miramos la televisión."

La idea es tomar un momento para darnos cuenta de lo afortunados que somos en nuestras vidas. Tendemos a fijarnos en la idea de que la felicidad llegará una vez que lleguemos a cierto nivel de éxito o logremos ciertas metas, pero no nos damos cuenta de que tenemos todo lo necesario en nuestras vidas para ser felices.

El simple hecho de que estés leyendo estas palabras significa que estás en una mejor posición que el 90% de la gente en este planeta. Para empezar, has sido educado para aprender a leer. Segundo, tenías el dinero para leer este libro y algún dispositivo para leerlo.

Ahora, tómate un momento para mirar a tu alrededor. ¿Qué ves? Tal vez estás en casa y tienes un techo encima de tu cabeza. Tal vez tienes una televisión en la esquina de tu cuarto. El hecho de que puedes ver estas cosas significa que todavía puedes ver. En el ejercicio al final de este capítulo, realmente tocaré una vena con qué tan poderoso y verdadero es este tipo de mentalidad y qué tan suertudo.

Verás, todos, incluyéndome, tomamos nuestras vidas y la abundancia en ellas por garantizado cada día. Nuestro nivel de éxito está puramente basado en nuestra propia percepción.

Piensa en todo lo que tienes en la vida actualmente.

Estoy dispuesto a apostarte que hay probablemente 5 mil millones de personas en este planeta que darían lo que sea para estar en tu posición ahora mismo. Si ellos pudiesen tener exactamente la misma vida que tú, se considerarían enormemente exitosos, ya que actualmente no disponen de comida y ropa, un lugar dónde dormir, no saben leer y no tienen dinero, mucho menos una cuenta bancaria.

¿Tienes personas en tu vida que te aman y te apoyan? Hay millones de personas que están ahí afuera completamente solos, sin familias que les puedan cuidar.

Estoy siendo muy serio cuando te digo que esta es una de las claves fundamentales para construir tus niveles de carisma y te aliento a que pases unos minutos sólo pensando en tu vida y las enormes cantidades de abundancia en este momento. No necesitas ser un millonario o vivir en una casa de 6 habitaciones para estar agradecido. Tienes una enorme abundancia de éxito ahora mismo y es solamente tu percepción lo que determina si puedes apreciar esto o no.

Al finalizar cada día repasando los "momentos mágicos", me lleno de este enorme sentimiento de gratitud y se muestra en mi personalidad y mi visión de la vida. Esto, a cambio, realmente incrementa mis niveles de carisma ya que simplemente me vuelve una mejor persona.

Ejercicio de Carisma #14

La mejor forma de empezar a cultivar una actitud de gratitud es desarrollando el hábito de revivir los mejores momentos de cada día. Un ejemplo para mí sería:

- La sonrisa que me dio mi esposa cuando le traje café a la cama.
- Comer mi almuerzo bajo un cielo azul.
- Relajarme en el sofá viendo mi programa favorito.
- La llamada que recibí de mis padres sólo para saber cómo iba mi semana.

Estas son cosas simples por las que podrías estar agradecido, pero son todas las cosas que mucha gente daría lo que sea por experimentar. No suenan muy impresionantes y son fáciles de pasar por alto.

Tomemos mi día como ejemplo. Piensa ahora sobre la persona que perdió a su esposa en un accidente automovilístico. Te apuesto a que darían lo que sea para ver su sonrisa una vez más, de la misma forma en que vi la de mi esposa hoy.

¿Qué hay de la persona que tuvo dos semanas de un mal clima durante sus vacaciones? ¿No darían lo que sea por un día de Sol?

¿Qué hay de la persona sin hogar durmiendo en las calles durante una lluvia? ¿No darían lo que sea para tener un techo encima de sus casas y ser capaces de acostarse en un cálido sofá y relajarse enfrente de la televisión como lo hice esta tarde?

¿Puedes imaginarte a la persona que perdió a ambos padres? ¿No darían lo que sea por escuchar las voces de sus padres en el teléfono como lo hice?

No puedo enfatizar lo suficiente lo suertudos que somos *tú y yo* en este momento en la vida. Sólo leer los últimos párrafos en los cuales apunté cuánta gente estaría agradecida de experimentar las cosas que hice hoy me pone emocional, ya que me hace ver lo suertudo que soy. He tenido mucho en mi vida por lo que estar agradecido, e incluso he estado caminando alrededor por la mayoría del tiempo sin ni siquiera estar completamente consciente de esto.

Tómate un momento cada día para pensar en todo por lo que estás agradecido y verás que tu vida empezará a cambiar. Deja fluir al sentimiento de gratitud a través de tu cuerpo y siente su increíble poder funcionando.

Empezarás a ver el mundo de manera diferente y no serás molestado por los pequeños problemas triviales que solías encarar. Apreciarás a la gente en tu vida y todo lo que hayas logrado y acumulado, y a cambio, te transformarás en una persona más carismática.

Confía en mí, una visión completamente nueva de la vida te espera una vez que te hagas el hábito de desarrollar una actitud de gratitud y descubrir los "momentos mágicos" del día.

Regla del Carisma #15

Sé confiado

No hace falta decir que sin confianza encontrarás virtualmente imposible ser verdaderamente carismático. Claro, puedes ser capaz de fingirlo de vez en cuando, y puedes hacer a la gente creer que eres carismático ocasionalmente, pero, eventualmente, tu confianza mostrará tus niveles de carisma y tu vulnerabilidad se expondrá para que la vea todo el mundo.

La gente carismática son algunas de las personas más confiadas del planeta. Es su confianza lo que atrae a la gente hacia ellos. Es su confianza la que hace a las personas. Es su confianza la que les permite interactuar con todas las personas a donde sea que vayan o tener la habilidad de romper el hielo e iniciar conversaciones con gente que acaban de conocer. También es su increíble autoconfianza lo que les permite estar cómodos en su propia piel y estar en tanta paz y facilidad con ellos mismos que nunca sienten la necesidad de presumirles a otros.

Esto, a cambio, les permite implementar fácilmente las reglas cubiertas en este libro, como hacer a los demás resaltar o permitir a los demás hacer la mayoría del habla mientras dirigen la conversación de vuelta hacia los demás.

La gente insegura que carece de confianza intenta probar continuamente a sí mismos o a otros al presumir u ofrecer historias sobre ellos mismos en un intento de conseguir que la gente piense bien de ellos.

Sorprendentemente, nunca verás gente que tiene autoconfianza suprema haciendo esto. La gente confiada no siente la necesidad de interrumpir las historias de otras personas o dialogar con sus propias historias de triunfo y éxito. No sienten la necesidad de presumir sobre sus logros.

En vez de ello, están interesado en las historias de las demás personas y sus logros, esto les permite irradiar carisma a donde sea que vayan.

Con esto en mente, desarrollar tu confianza es esencial si estás intentando construir tu carisma a niveles extraordinarios. Afortunadamente, como todo lo demás en este libro, la confianza es una habilidad que puede ser aprendida y dominada a lo largo del tiempo.

Hay dos aspectos principales para construir confianza, en mi opinión. Soy un abogado por ambos y los he usado para incrementar mis niveles de carisma en los últimos años.

La repetición y certeza

El mejor método para volverse más confiado con una habilidad en particular es repetirla una y otra vez hasta que estés seguro de realizarla con facilidad. Piensa en esto un segundo. Si te pidiese que cantes el alfabeto, ¿crees que serías capaz de hacerlo? Por supuesto, la respuesta es sí. La razón es porque es algo que probablemente has hecho un millón de veces durante tu vida. Fue engranado en tu mente en la escuela, y escribes cartas todos los días. No hay parte de ti que dude de tu habilidad para hacer esta tarea. En otras palabras, estás *seguro* de que lo puedes hacer.

Lo mismo aplica para cualquier otra habilidad o tarea que puedas encarar. El nivel de confianza que tienes en tu habilidad para realizar una tarea o habilidad está relacionada directamente al nivel de certeza que tengas es tu mente sobre tu habilidad para hacerlo. En otras palabras, si estás seguro de que eres capaz de hacer algo te sentirás muy confiado. Si no estás seguro de hacer algo, puede que carezcas de confianza.

La solución, entonces, es simplemente repetir en qué necesitas invertir tu confianza de manera obsesiva hasta que crees un nivel de certeza cuando se trate de realizar dicha tarea, que ninguna parte de ti dude en tu habilidad para hacerla.

. . .

Lo mismo aplica para el carisma. La única forma de volverte más confiado y carismático es practicando tus habilidades y regla del carisma. En este momento, puedes descubrir que careces de autoconfianza cuando se trata de hablarle a otras personas, pero estoy dispuesto a apostar que esto es verdad, ya que es algo que no has pasado mucho tiempo haciendo. En contraste, si tenías un trabajo donde tenías que hablar e interactuar con la gente todo el día y no has hecho este trabajo por 15 años, esto sería algo natural para ti.

Si careces de confianza en cualquier aspecto de tu vida, es simplemente porque no has pasado suficiente tiempo enfocándote en ello. Si no has pasado suficiente tiempo enfocándote en algo, no estarás seguro si tienes la habilidad para hacerlo o no, lo cual, a cambio, conlleva a carecer de confianza. La repetición te lleva a la certeza y la certeza te lleva a la confianza. La confianza, a cambio, te lleva al carisma.

Ponte cómodo en tu propia piel

Luego de señalar anteriormente que la certeza determina tu nivel de confianza al intentar una tarea o habilidad, es interesante denotar que la gente realmente carismática parece ser supremamente confiados incluso cuando hacen las cosas que nunca han hecho antes por primera vez.

Mencioné que la repetición conlleva a la certeza y la certeza determina tu nivel de confianza, así ¿Que cómo es que esta gente es capaz de permanecer confiada incluso cuando hacen algo por primera vez?

Por definición, si están haciendo algo por primera vez, es imposible que hayan repetido la tarea muchas veces antes y, por lo tanto, no pueden estar seguros de su habilidad para realizarla por primera vez. Entonces, ¿cómo son capaces de tener confianza?

La respuesta recae en el hecho de que estas personas están muy cómodas consigo mismas. Están en paz y tienen un enorme entendimiento sobre quiénes son, en qué creen, qué valores tienen, que no permiten determinar sus niveles de confianza.

Toma un escenario en el que requirieron que te pares y des una presentación corta en tu lugar de trabajo. Imagina que alguno de tus colegas se estaba yendo y tu jefe te pidió que des un discurso corto en el último minuto. Si esto no te ha pasado antes, puede que dudes de tu habilidad para hacer esto. Como resultado, puede que carezcas de confianza y se mostraría mientras tartamudeas en tu discurso.

Ahora, en contraste, imagina a una persona que haya estado completamente en paz dentro de ellos mismos. Una persona que no le importase lo que otros piensen ya que tenían un enorme sentido de quiénes son como personas y en qué creen.

Esta persona también puede carecer experiencia en dar discursos cortos, pero su nivel de confianza nunca se vería afectada por su enorme autoconfianza. Para ellos, su habilidad para pararse y dar un discurso no determina quiénes son como personas. Son sus morales y valores lo que lo hacen, y estas nunca pueden ser tomadas de ellos.

Con esta mentalidad, son capaces de lidiar con cualquier escenario, ya sea algo que hayan hecho o no, porque tienen una autoconfianza dura como piedra.

. . .

Estar en paz contigo mismo comienza desde adentro. Requiere que pienses profundamente en qué crees y cuáles son tus valores. Requiere que pienses profundamente en qué tipo de persona eres. Cómo te llevas a lo largo del día y qué idea tienes del mundo.

Una vez que tengas estas creencias y valores, la clave es nunca dejarlas ir. Nunca cometas el error de cambiar quién eres alrededor de otras personas y comprometer estos valores. Cuando hagas esto, tus niveles de confianza caerán porque estás a la merced de tu habilidad o nivel de certeza para realizar una tarea.

Sin embargo, si te puedes volver en una mentalidad individual fuerte que nunca deje ir tus creencias, entonces no importa qué te ponga la vida enfrente.

No importa si no eres bueno hablándole a la gente que no hayas conocido antes, ya que sabes quién eres como persona, sabes en qué crees y tu nivel de confianza no está determinado por factores externos.

. . .

Como resultado, tendrás un nivel de confianza sobre ti todo el tiempo que atrae a gente positiva en tu vida y las hace querer estar cerca de ti.

Ejercicio de Carisma #15

Uno de los mejores métodos que conozco para construir tus niveles de carisma es repetir una tarea o habilidad en la que quieras sentirte más confiado tantas veces que tu certeza se vuelva irrompible.

Si quieres volverte más extrovertido, práctica hablándole a otras personas. Si quieres mejorar en hablar en público, hazlo. Suena ridículamente obvio cuando lo pones en palabras, pero recuerda, la repetición conlleva a la certeza y la certeza conlleva a la confianza.

Piensa en una habilidad que eres capaz de hacer ahora mismo que no podías hacer hace 5 años. Descubrirás que tus niveles de confianza, cuando realices esta tarea, estarán más altos que nunca, ya que no hay duda en tu mente de que eres capaz de lograrlo, sin embargo, 5 años atrás habrías carecido de la certeza y confianza para hacer esta tarea. Un ejemplo clásico para mí es tocar la guitarra.

Ahora, si alguien me pidiese tocar una canción, podría agarrar la guitarra y empezar a tocarla con facilidad y confianza (a un nivel intermedio). 10 años atrás, sin embargo, no sabía cómo usar la guitarra y no habría sido ni siquiera capaz de agarrarla correctamente, y mucho menos tocarla. Si quieres incrementar tus niveles de confianza inmediatamente al hacer una tarea, práctica esa tarea hasta que estés seguro de tu habilidad para hacerlo para que tus niveles de confianza se disparen por el techo al hacerlo.

El segundo mejor método que conozco para construir tu carisma es volverte cómodo contigo mismo de tal forma que nadie te haga dudar de ti de nuevo. Para hacer esto, necesitas reflexionar profundamente en quién eres como persona y en qué crees, cuáles son tus valores y cuál es tu moral.

Una vez que hayas identificado esto y te comprometas a no romperlos, descubrirás que no hay nada en el mundo exterior que puede determinar tus niveles de confianza. Cuando esto ocurre, descubrirás que te volverás más carismático mientras tu confianza sale de ti.

La confianza es uno de los elementos clave del carisma. Asegúrate de que trabajes duro y construyas el tuyo y verás que tus niveles de carisma incrementarán en correlación.

16

Regla del Carisma #16

La consciencia: Cómo lo une todo por completo

Anteriormente, mencioné que una de las reglas más importantes del carisma es desarrollar poder. Dije que era uno de dos aspectos vitales del carisma. Sin ella, ninguna de las otras reglas no significa nada. Junto con el poder, el segundo aspecto del carisma es la consciencia.

Cuando se trata de cambiar la persona que eres, la mitad de la batalla es la consciencia. He aprendido que si estás completamente consciente de que quieres lograr en la vida, estarás a la mitad del camino para obtenerlo.

La razón por la que la mayoría de la gente nunca adquiere su potencial completo es porque no son conscientes de que son capaces. No sabe qué pueden alcanzar porque no se ponen metas para ellos mismo o no se ponen retos. En vez de ello, sólo se desplazan por la vida sin ningún plan.

Piensa en esto. Si te retase a actuar como si fueses la persona más carismática del mundo por diez segundos, ¿serías capaz de hacerlo? Te apuesto a que podrías.

De pronto te activarás, tu fisiología corporal cambiaría por completo. Tu cara brillaría con carácter. ¿Por qué? Porque simplemente estarías consciente de que quieres ser más carismático.

Ser consciente de qué intentas lograr, ya sea que intentes ser más carismático o perder peso, es el primer paso al éxito.

Así que, ¿cómo se vuelves consciente de tus metas de carisma?

Recuérdate a ti mismo muchas veces al día. De esta forma, estarás consciente de tu deseo de ser más carismático. Como mencioné previamente, tengo varias notas en mi teléfono con afirmaciones y varias frases positivas.

Una de estas es "el carisma fluye a través de mí a montones". Suena bochornoso, pero funciona de maravilla.

Leo esto cada par de horas, cuando sea que tenga un momento. Puedo estar esperando en la fila del banco o del supermercado. Me he hecho el hábito de leer esta frase en mi teléfono y me funciona muy bien cuando se trata de recordar que quiero ser más carismático. Mis metas de carisma nunca están muy lejos de mis pensamientos.

Esto tiene un resultado increíblemente poderoso porque, tan pronto como me vuelvo consciente de esto, recuerdo todas las reglas del carisma que aplico en mi vida.

Creo fuertemente que la consciencia es el pegamento que mantiene a todas las reglas del carisma en conjunto.

Puede que hayas dominado todas las otras reglas, pero si te olvidas de aplicarlas en el mundo real, tendrán poco valor y efecto en tus niveles de carisma.

Descubrirás que, mientras más te acuerdes de tus metas de carisma, se volverá un hábito más común. Eventualmente, no tendrás la necesidad de leer tus notas tan seguido como solías, porque el carisma se volverá una parte natural de quién eres.

Ejercicio del Carisma #16

El último ejercicio está diseñado para hacerte más consciente de tus metas y deseo de desarrollar tu carisma. Hacer este ejercicio muchas veces al día creará una fuerte consciencia dentro de ti y eventualmente se volverá un hábito. Estos son los pasos exactos que llevé a cabo cuando estaba construyendo mis niveles de carisma, y todavía lo hago diariamente.

Paso 1: Si tienes un teléfono inteligente, crea una nota y llámala algo como "afirmación diaria". Si no tienes uno, siempre puedes hacer una nota de papel o hacerla en tu computadora. Si seguiste el ejercicio de visualización, puedes haber tenido una nota similar en tu teléfono. Siéntete libre de usarla si deseas.

Paso 2: Crea una frase poderosa como "Yo soy un dios del carisma. Tengo cubetas de carisma. El carisma literalmente fluye a través de mí".

Paso 3: Haz una lista de reglas de carisma en este libro debajo de esta frase y léelas. Esto las engranará en tu memoria y te recordará muchas veces al día qué características tiene la gente carismática.

Paso 4: Lee esta frase y las reglas del carisma muchas veces al día cuando tengas la oportunidad. Léelo cuando estés esperando en la fila del mercado, mientras esperas a que se cocine tu desayuno o en cualquier otro momento que tengas chance.

Paso 5: Haz de esto parte de tu rutina diaria de manera indefinida. Recuerda, es el pegamento que junta a todas las otras reglas del carisma.

Conclusión

¿Qué debería hacer ahora?

¿A dónde vas luego de esto? ¿Cómo tomas la información de este libro y la usas para volverte la persona más carismática del planea?

Bueno, es muy fácil, puedes estar sentado ahí pensando que estas reglas son demasiado simples para funcionar, pero no lo son. Puedes estar buscando por esa bala mágica que te vuelva en un dios del carisma, pero te aseguro que no existe. En vez de eso, todo lo que necesitas está enfrente de ti.

Quiero que tomes las reglas que has aprendido en este libro y te dediques a dominarlas.

Conclusión

Cuando empecé a enfocarme en desarrollar mi carisma, creé un juego para mí mismo en el que tomaría una de estas reglas y las aplicaría por un par de días hasta que piense que he hecho algo de progreso. Una vez habiendo hecho esto, me pasaría a otra regla. En vez de sentir que es una tarea, se ha vuelto una adicción, ya que me he vuelto mejor con cada regla o habilidad.

Mientras me volvía mejor con cada regla, descubrí que quería practicar más y más como si pudiese sentir mis niveles de carisma disparándose por el techo y podía sentir que la gente me respondía en formas que nunca lo habían hecho antes.

Eventualmente, empecé a volverme tan bueno con estas reglas que empecé a aplicar más de una a la vez. Estaría teniendo una conversación con alguien enfocándome en estar presente, mientras dirigía la conversación de vuelta hacia ellos de forma gentil para que ellos hagan la mayoría de la charla. Tenía una pequeña frase que uso cuando se trata de este juego, y todavía la uso para alcanzar mis metas. La belleza de esta frase es que tiene un enorme efecto calmante en mí.

Verás, una vez que me comprometí por completo en hacer "lo que sea", de pronto no se trata de saber si podía alcanzar mis metas, sino de qué me *tomaría* alcanzarlas.

En mi mente, es un trato hecho. No hay existe el "si" o el "tal vez" cuando alcances esta mentalidad, la ansiedad y la preocupación sobre mi futuro se disipa mientras sé que alcanzar mi meta es inevitable, dado que me comprometa a hacer "lo que sea".

Te aliento a aplicar la misma mentalidad a tus metas, particularmente tus metas de carisma. "Lo que sea" significa que cada día tendrás una de las reglas en mente y llevarás esa regla al mundo real para que trabajes con ella.

También quiero que desarrolles una mentalidad en que estás en esto a largo plazo. Volverte más carismático no es un juego de corto plazo que se acabará en algunas semanas o meses. Es una dedicación de por vida dominar esta habilidad. ¿Te imaginas qué tan carismático serás en un año, 5 años, 10 años, 20 años desde ahora si sigues estas reglas?

Imagina que has leído este libro 10 años atrás y has estado practicando estas reglas cada día. ¿Qué tan buen crees que serías teniendo una conversación con todas las personas en un evento?

Conclusión

Todo lo que necesitas para volverte una persona verdaderamente carismática se encuentra en este libro. Te urjo dedicarte a leer y releer una y otra vez hasta que los contenidos permanezcan en tu subconsciente.

Realmente espero que el libro te haya ayudado a empezar tu viaje y para construir tu carisma y espero que continúe ayudándote y a millones de personas en el mundo por muchos años más.

Recuerda, el carisma no se trata sobre ser el alma de la fiesta o ser ruidoso. Es sobre cómo haces sentir a la gente. Las personas carismáticas son maestros haciendo brillar a otras personas y hacerlas sentir como si fuesen la persona más importante del mundo.

Cuando ya no estés en el mundo, ¿cómo quieres que la gente te recuerde? Una de mis metas más grandes es que la gente en mi vida me recuerde como alguien que les hizo sentir increíble, y es mi deseo que seas capaz de alcanzar esta meta también.

CPSIA information can be obtained
at www.ICGtesting.com
Printed in the USA
LVHW021754091220
673702LV00009B/468